Pierre Bessard, Christian Hoffmann (Hrsg.)

Sackgasse Sozialstaat
Alternativen zu einem Irrweg

Pierre Bessard, Christian Hoffmann Hrsg.

Sackgasse Sozialstaat
Alternativen zu einem Irrweg

Liberales Institut
3. überarbeitete und aktualisierte Auflage
Zürich 2016

ISBN 978-3-033-05657-2

Copyright
Liberales Institut
Rennweg 42
8001 Zürich, Schweiz
www.libinst.ch

Umschlag: Jean-Baptiste Bernus, Liberales Institut

Alle Rechte, auch des auszugsweisen Nachdrucks,
vorbehalten.

Für die freundliche Unterstützung dieser Neufassung
bedankt sich das Liberale Institut bei Swiss Re, der
Stiftung Liberale Aktion sowie weiteren Unterstützern.

INHALT

Vorwort   5
Pierre Bessard

Einleitung:
Das Scheitern anerkennen, Alternativen erkunden   7
Christian Hoffmann

I. ENTWICKLUNG

«Aufgeklärter» Wohlfahrtsdespotismus   19
Die historischen Wurzeln des Sozialstaats
Gerd Habermann

Der lange Irrweg zum Schweizer Sozialstaat   35
Pierre Bessard

II. WIRKUNG

Siamesische Zwillinge: Wohlfahrtsstaat
und Wirtschaftskrisen   55
Michael von Prollius

Armut ohne Ende?   77
Der Wohlfahrtsstaat schafft keine Wohlfahrt
Kristian Niemietz

Kontrolle statt Verantwortung   99
Wie staatliche Risikovermeidung die
Leistungsbereitschaft zerstört
Stefan Blankertz

Die Erosion der sozialen Kultur   115
James Bartholomew

III. ALTERNATIVEN

Vorsorge statt Versicherung   **129**
Vom Sinn und Unsinn mancher
«Sozialversicherung»
Hans-Hermann Hoppe

Jenseits des «Drei Säulen»-Mythos   **141**
Die gerechte und solide Altersvorsorge
der Zukunft
Pierre Bessard

Die Gestaltung eines rein individuellen
Altersvorsorgeplans   **165**
Paolo Pamini

Eine Alternative zur Kostenexplosion im
Gesundheitswesen: das Beispiel Singapur   **181**
Pierre Bessard

IV. AUSBLICK

Der geordnete Rückzug aus dem Wohlfahrtsstaat   **199**
Robert Nef

Die Herausgeber   **223**
Die Autoren   **224**
Das Liberale Institut   **227**

Vorwort

Der Rückzug aus dem Sozialstaat ist die grosse Herausforderung der Gesellschaft des 21. Jahrhunderts. Obwohl seit mindestens 30 Jahren ein «Sozialstaatsmoratorium» verlangt wird, verschlingt die sozialstaatliche Umverteilung heute mehr Ressourcen denn je. Laufend beschliesst die Politik neue Ausgaben: Man denke nur an das neu entdeckte Interventionsfeld der «Familienpolitik» – ein typischer Fall von Umverteilung von der einen in die andere Tasche (natürlich mit Staatsangestellten dazwischen).

Der Sozialstaat ist keine schicksalhafte Gegebenheit. Er widerspricht der eigenwilligen und eigenverantwortlichen Natur des Menschen. In der Schweiz war die direkte Demokratie nicht zufällig über lange Zeit die zuverlässigste Bremse gegen den sozialstaatlichen Ausbau, bis das stete Drängen der Politik auch hier zu einer sozialdemokratisch geprägten Aushöhlung der bürgerlichen Kultur geführt hat. 1931 lehnten noch über 60 Prozent der Bürger die Einführung der AHV ab. Fast eine Generation später und unter dem Eindruck eines Weltkriegs wurde die (unnötige) Verstaatlichung der Altersvorsorge Realität.

Das Gebot der Stunde angesichts der immer erschreckenderen Finanzierungskosten und -lücken des Sozialstaats heisst Konsolidierung. Demographische Entwicklung, Fehlanreize und Ineffizienz erfordern ständige gesetzliche Anpassung. Vorsichtige Ansätze wie die Erhöhung des gesetzlichen Rentenalters, strengere Massnahmen der Integration auf dem Arbeitsmarkt für die Invalidenversicherung oder mehr Kostentransparenz und Wettbewerb im Gesundheitswesen mögen zwar in manchen Fällen zu Verbesserungen in den bestehenden Systemen führen (anders als eine erneute Steuererhöhung). Sie sind jedoch keine Antwort auf den grundsätzlichen Verstoss gegen die Ethik der Eigenverantwortung und des

Eigentums und gegen die Würde mündiger Menschen, der den Sozialstaat kennzeichnet.

Die Vorstellung einer subsidiären, genossenschaftlich organisierten Sozialpolitik auf lokaler Ebene für die kleine Minderheit tatsächlich bedürftiger Mitbürger kann kaum als Ausdruck «sozialer Kälte» gewertet werden. Die heutigen zentralistischen Sozialversicherungen als Produkt einer überholten kollektivistischen und paternalistischen Ideologie sind aus liberaler Sicht schlicht nicht vertretbar. Sie sind keine «Errungenschaften», sondern verdrängen lediglich erprobte zivilgesellschaftliche und marktwirtschaftliche Lösungen, die wirksamer, gezielter und gerechter wirken würden.

Der Management-Forscher Peter Drucker brachte es auf den Punkt: «Der private Sozialsektor gibt für seine Erfolge weniger aus, als der Sozialstaat für seine Misserfolge.» Individuelle Vorsorge sowie funktionsfähige Versicherungen und subsidiäre Unterstützung durch Sozialunternehmertum und freiwillig organisierte Solidarität führen nicht nur zu besseren Ergebnissen als der Sozialstaat, sondern vertragen sich auch besser mit den Werten einer freien Gesellschaft. Vor allem aber ist die Marktwirtschaft mit Kapitalakkumulation, Investition und Innovation das beste Mittel gegen die Entstehung des Bedürfnisses nach sozialer Unterstützung.

Es ist die Aufgabe des Liberalen Instituts, ohne Rücksicht auf politische Tabus die grundsätzliche, praktische und auch moralische Verwerflichkeit des heutigen Umverteilungswesens zu dokumentieren und gangbare Wege aus der sozialstaatlichen Sackgasse aufzuzeigen. Das vorliegende Werk soll dazu einen Beitrag leisten.

Pierre Bessard
Direktor, Liberales Institut

Einleitung

Das Scheitern anerkennen, Alternativen erkunden

Christian Hoffmann

Der Sozialstaat ist gescheitert. Nicht eine bestimmte Ausprägung des Sozialstaats, nicht ein spezifisches Angebot unter den Sozialsystemen, sondern der Sozialstaat als solcher.

Eine unerhörte Aussage? Ein Tabubruch, der in der öffentlichen Diskussion Kopfschütteln auslösen wird? Vielleicht. Umso wichtiger ist es, die Behauptung darzulegen und sachlich zu begründen.

Unter dem Sozialstaat verstehen wir heute, vor allem in den entwickelten Staaten des Westens, kollektive Systeme zwangsweiser Umverteilung, die der Absicherung aller gegen Risiken und Lebensereignisse wie Alter, Arbeitslosigkeit oder Krankheit dienen. Diese Systeme zeichnen sich dadurch aus, dass Berufstätige auf staatliches Geheiss einen gewissen Anteil ihres Einkommens in Form von Steuern oder Abgaben, fälschlich „Beiträge" oder „Prämien" genannt, in den Staatshaushalt einzahlen, von wo aus diese umgehend an mehrere Kategorien von Empfängern ausgeschüttet werden. Je stärker der Staat dabei sozialpolitische Umverteilungsziele verfolgt, desto weniger entspricht die Höhe der Ausschüttung der Höhe der vorangehenden Einzahlung.

Die kollektiven Umverteilungssysteme des Sozialstaats sind weder Instrumente der Vorsorge noch eine Versicherung. Die Bedeutung dieser Feststellung kann kaum überschätzt werden. Da die Mittel umverteilt werden, wird wenig bis nichts gespart, es wird nicht investiert, und Zinsen werden auch keine erwirtschaftet. Die «Kunden» des Sozialstaats sichern sich auch nicht gegen spezifische Zufallsereignisse ab, wie dies bei einer Versicherung der Fall wäre. Sozialstaatliche «Beiträge» sind tatsächlich nur Steuern. Sie fliessen umgehend dem Konsum anderer Menschen zu. Damit wird deutlich: Die sozialstaatliche Umverteilung macht eine Gesellschaft nicht wohlhabender, sie führt lediglich zu einer politisch bestimmten Verlagerung des Konsums von einer Person zur andern.

Die systematische Verdrängung von Sparen und Investition durch Konsum ist eine Besonderheit des Sozialstaats, die zu dessen unvermeidlichen Scheitern beiträgt. Sie schwächt langfristig das Wachstumspotential einer Gesellschaft. Hinzu kommen zahlreiche weitere Gründe, warum der Sozialstaat an chronischer Unterfinanzierung leidet, die unweigerlich in eine Schuldenkrise führt. Ungleichgewichte und Fehlsteuerung gibt es sowohl auf der Einnahmen- wie auf der Ausgabenseite.

Schädliche Ungleichgewichte

Zu den wichtigsten Gründen des ständigen Ausgabenwachstums des Sozialstaates zählen:
- **Die Anreize der Politik.** Die Forschung zeigt, dass gut organisierte Sonderinteressen in einer Demokratie in der Lage sind, Zahlungen auf Kosten der nur schwach organisierbaren Allgemeinheit zu erstreiten. An der Wiederwahl interessierte Politiker sind dem ständigen Anreiz ausgesetzt, Stimmen durch «soziale Wohltaten» zu kaufen.
- **Die Stimulierung der Nachfrage.** Ökonomen wissen: Menschen reagieren auf Anreize. Werden Menschen dafür bezahlt, dass sie ihre Häuser blau anstreichen, dann wird es mehr blaue Häuser geben. Werden sie dafür bezahlt, arbeitsunfähig, krank oder alleinerziehend zu sein, so wird es auch dies häufiger geben. Diese schlichte Erkenntnis ist

politisch unkorrekt, da sie das Leid notleidender Menschen zu verniedlichen scheint. Dies ändert jedoch nichts an ihrem Wahrheitsgehalt. Entsprechend kann es nur erstaunen, dass die Reaktion rationaler Individuen auf die Anreize des Sozialstaats als «Missbrauch» gegeisselt wird. Tatsache ist: Die Sozialsysteme funktionieren genau so, wie sie angelegt sind, es zu tun. Jeder zur Einzahlung gezwungene Bürger hat einen handfesten Anreiz, möglichst hohe Auszahlungen zu erhalten, da andernfalls geleistete Einzahlungen verloren sind. Der Sozialstaat bestraft Sparsamkeit und belohnt Überkonsum.

- **Die Logik der Bürokratie.** Während in der Privatwirtschaft das Verfehlen von Zielen durch die Kunden bestraft wird – schlimmstenfalls mit dem Bankrott –, ist beim Staat das Gegenteil der Fall. Erreicht eine Behörde ihr Ziel nicht, so wird ihr Versagen meist auf fehlende Mittel zurückgeführt. Die Bürokratie belohnt Versagen mit höheren Budgets. Dies gilt auch für die Sozialbürokratie. Explodieren im Gesundheitswesen bei stagnierenden oder rückgängigen Leistungen die Kosten, so reagiert die Politik durch ein weiteres Zurückdrängen marktwirtschaftlicher Anreize und die zunehmende Kollektivierung der Leistungserbringer. Der Befund ist haarsträubend und doch verbreitet: Der Sozialstaat wächst, weil er versagt.

Überkonsum und Unterfinanzierung

Die Fehlanreize des Sozialstaates führen nicht nur unvermeidlich zu Überkonsum, sondern auch zur Unterfinanzierung seiner Systeme:

- Die ständig wachsende Last der Sozialkosten geht zulasten des Wirtschaftswachstums. Während staatliche Budgets expandieren, werden Investitionen und Innovation verhindert. Die Wohlfahrtsstaaten des Westens zeichnen sich dadurch aus, dass die Staatslast schneller wächst als die

Wirtschaft. Der Sozialstaat trocknet so seine eigene Grundlage aus. (Was im Übrigen wiederum zu einer erhöhten Nutzung der Sozialsysteme führt, etwa wegen Arbeitslosigkeit.) Durch die erwähnte Bevorzugung des Konsums zulasten des Sparens und der Investition schwächt der Sozialstaat das langfristige Wachstumspotential der Wirtschaft. Die kollektiven Umverteilungssysteme bewirken damit genau das Gegenteil von «Vorsorge».

- Die beschriebene systeminhärente Instabilität des Sozialstaats kulminiert in dessen Unfähigkeit, sich an demographische Veränderungen anzupassen. Wie Pierre Bessard im vorliegenden Band beschreibt, basiert der Sozialstaat auf einer tragischen Fehlanalyse. Seine Systeme waren nie der dynamischen Entwicklung einer auf Innovation und Fortschritt beruhenden arbeitsteiligen Marktwirtschaft angemessen. Das Konzept der Umlagefinanzierung ist zum Scheitern verurteilt, seit die Bewohner der inzwischen sehr wohlhabenden Staaten des Westens immer älter werden und sich gleichzeitig immer schwächer fortpflanzen. Sieht die Altersstruktur einer Gesellschaft einmal wie eine auf den Kopf gekehrte Pyramide aus, dann sind die Berufstätigen nicht mehr in der Lage, die Bedürfnisse der Transferempfänger vollumfänglich zu finanzieren. Spätestens dann erweist sich die kollektive Umverteilung als verhängnisvoller Irrtum.

Die seit Jahren zu beobachtenden Krisen und die chronische Reformbedürftigkeit des Sozialstaats sind also kein Zufall. Sie sind das Ergebnis einer grundlegenden, systematischen Fehlkonzeption kollektiver Umverteilungssysteme. Die systemischen Schwächen des Sozialstaats lassen sich nicht mehr mit dem Drehen an einer regulatorischen Schraube (am Ende ist es meist die Steuerschraube) beheben. Die Sozialstaaten des Westens waren kurz nach ihrer Einführung bereits nicht mehr aus dem Wachstum der Gesellschaften heraus finanzierbar. Der enorme Kostenanstieg der Sozialsysteme kann daher –

wie Michael von Prollius im vorliegenden Band zeigt – seit Jahrzehnten nur mehr durch eine beständige Erhöhung der Staatsschulden aufgefangen werden. Die untauglichen Rezepte des Sozialstaates haben in eine Verschuldungsspirale geführt, die inzwischen in Inflation und wiederkehrenden Finanzkrisen zu kulminieren droht. Deshalb braucht es eine Umkehr.

Verkennung der Realität

Erstaunlicherweise ist diese Analyse ebenso bekannt und in Fachkreisen verbreitet, wie es die Alternativen zum verfehlten Konzept des Sozialstaates sind. Sie hatten bisher lediglich keine Chance, in der öffentlichen Debatte Anerkennung zu finden. Sozialpopulistische Tabus und sozialdemokratische Traumtänze verhindern noch immer die nüchterne Feststellung der Lage. Der amerikanische Ökonom Harold Demsetz prägte den Begriff der «Nirvana Fallacy» für die Neigung der Menschen, ungenügende heutige Zustände mit der unerreichbaren Anforderung der Perfektion an denkbare Alternativen zu konfrontieren. Mit anderen Worten: Während Alternativen zum Sozialstaat weitgehend unterschätzt werden, wird die Leistung des Status quo laufend überschätzt.

Wie etwa Kristian Niemietz in diesem Band zeigt: Der Sozialstaat ist erstaunlich erfolglos darin, seine Aufgabe zu erfüllen. Die enorme bürokratische und finanzielle Last der Umverteilungssysteme reduziert das Wohlfahrtspotential der Gesellschaft. Umverteilung ist nicht in der Lage, Armut zu beseitigen – dies können allein Innovation und Wachstum. Der Sozialstaat beseitigt die Arbeitslosigkeit nicht, sondern trägt eher noch zu deren Erhöhung bei – und verwaltet sie kostspielig. Der Sozialstaat führt zu einer Kostensteigerung im Gesundheitswesen und beim Versuch der Kontrolle dieser Kosten zu Leistungsrationierung und Qualitätsverlust. Der Sozialstaat erhöht das Armutsrisiko im Alter, indem er Sparen und Vorsorge durch Umverteilung und Konsum verdrängt. Betrachtet man die langfristige Entwicklung der kollektiven Umverteilungssysteme, so fällt das Urteil eindeutig aus: Der Sozialstaat ist nicht in der Lage, «soziale Sicherheit» zu produzieren. Vielmehr häuft er systemische Grossrisiken auf, führt zu Ressourcenverschleiss und Überschuldung. Der französische Ökonom Frédéric Bastiat sagte einst treffend: «Der Staat ist die grosse Fiktion, dass jedermann auf Kosten von jedermann leben kann.» Damit meinte er den Sozialstaat.

Ebenso war es Frédéric Bastiat, der feststellte, dass ein guter Ökonom nicht nur die Dinge berücksichtigen sollte, die man sieht, sondern auch jene, die man nicht sieht. Dazu zählen bei der Analyse des Sozialstaats jene dynamischen, massgeschneiderten und tragfähigen Lösungen der sozialen Für- und Vorsorge, die in einer Zivilgesellschaft gedeihen können, durch den Zwang und den unstillbaren Hunger des Sozialstaats jedoch verdrängt und unterdrückt werden. «Nicht sehen» kann man heute auch das dynamische Wachstum, das in den Branchen der Gesundheits- und Altersversorgung oder gesamtwirtschaftlich auf Basis der Kapitalakkumulation einer echten Vorsorge entstehen könnte – wenn die staatliche Beschränkung und Regulierung abgebaut würde.

Die Chancen zivilgesellschaftlicher Alternativen zum gescheiterten Sozialstaat sind vielfältig: Eine individuelle und zuverlässige Vorsorge führt zum Sparen und zu Investitionen und fördert Innovation und Wachstum. Private, profitorientierte oder auch genossenschaftliche Versicherungskonzepte ermöglichen eine massgeschneiderte Absicherung und fördern echte Solidarität. Der Rückzug des Staates gibt Raum und Ressourcen frei für zivilgesellschaftliches Engagement unter freien Menschen. Die Übernahme von Eigenverantwortung für die Risiken, die gar nicht versichert werden können, macht die Menschen mündig, selbständig und selbstbewusst.

Die Chancen zivilgesellschaftlicher Lösungen

Heutige Verteidiger des Sozialstaates sollten daran erinnert werden, dass frühe Liberale emanzipatorische Ziele postulierten. Sie wollten die arbeitenden Massen aus der Unmündigkeit herausführen. Heute fesseln die Strukturkonservativen die Menschen in monopolistischen Zwangsstrukturen, die destruktives, unselbständiges Verhalten fördern und überdies zum Scheitern verurteilt sind. Tatsächlich ist der Sozialstaat – wie Gerd Habermann im vorliegenden Band treffend beschreibt – gar kein Produkt der liberalen Demokratie. Er wurde durch den «eisernen Kanzler» Otto von Bismarck im Deutschen Reich eingeführt, um die aufmüpfigen Arbeitermassen zu kontrollieren und in die staatliche Abhängigkeit zu führen.

Im Zeitalter weltweiter Kommunikationsnetze und Handelsströme, in dem Smartphones, Hybridautos, Solarpanels oder Flachbildfernseher die Arbeitsleistung von Arbeitskräften in der Schweiz, China, Kanada, Brasilien, Indien und Deutschland kombinieren, um dann an jedem Ort der Erde erhältlich zu sein, hat sich das nationale Herrschafts- und Entmündigungsinstrumentarium des Sozialstaats überlebt. Nur das marktwirtschaftliche System der sozialen Für- und Vorsorge, beruhend auf individuellem Sparen, echten Versicherungen, die ihre Qualität im Wettbewerb beweisen müssen, und zivilgesellschaftlicher Solidarität kann den Anforderungen einer Dienstleistungs- und Wissensgesellschaft noch gerecht werden. Nur dieses System ist in der Lage, den fortschreitenden demographischen Wandel auszugleichen. Und nur ein solches System kann das Ziel sozialer Sicherheit tatsächlich erreichen und dabei Investition, Wachstum, Innovation und Wohlfahrt fördern.

Die Chancen einer Umkehr und eines Neuanfangs überwiegen somit die Gefahren um ein Tausendfaches. Ein «weiter so» ist heute keine Option mehr. Das Scheitern des Sozialstaates muss schonungslos anerkannt werden. Es ist die notwendige Grundlage für die Erörterung tauglicher Alternativen. Darum ist es heute vordringlich, dass die Stimmen der Vernunft gegen die anhaltende Glorifizierung des überholten Sozialstaats Gehör erhalten. Tabus müssen jetzt gebrochen werden, denn bald wird «sozial» kein Attribut mehr sein, das mit der Zwangsumverteilung des Sozialstaates in Verbindung gebracht wird.

Fehlentwicklung und Alternativen

Die historischen Wurzeln des Sozialstaates beschreibt im folgenden Kapitel Gerd Habermann. Dabei wird deutlich, dass die Bismarck'sche Erfindung des kollektiven Umverteilungsstaates in der geistigen Tradition des feudalistischen Polizeistaates steht. Beide gehen vom Menschen als unmündigem Wesen aus, das nicht sich selbst überlassen werden darf, sondern zu einem staatlich vorgegebenen Ideal erzogen werden muss. Die damalige Hoffnung auf die Emanzipation des Untertanen scheint heute jedoch noch weniger verbreitet, als sie es in den historischen Vorläuferstrukturen des Sozialstaates war.

Pierre Bessard zeigt in seinem Rückblick, dass der Ausbau des Schweizer Sozialstaats auf jedem Schritt mit dem Widerstand ausgerechnet der Bürger zu kämpfen hatte. Das Bild einer Zwangsbeglückung drängt sich auf, wenn deutlich wird, wie die Einführung eines staatlichen Renten-, Invaliden- oder Gesundheitssystems wiederholt an der Urne verworfen wurde. Einmal eingeführt, geriet aber auch die Schweiz in den Taumel steigender Kosten und wachsender Verantwortungslosigkeit, der diesem Konzept eigen ist.

Nach der Entwicklung wird auch die Wirkung des Sozialstaates untersucht. Kristian Niemietz zeigt auf, dass der Sozialstaat trotz seines unstillbaren Geldhungers immer wieder darin versagt, Armut tatsächlich zu beseitigen. Faktenreich wird dokumentiert, dass der Sozialstaat entgegen seinem hehren Anspruch weder zu mehr Wohlstand noch zu wirklicher Solidarität führt. Michael von Prollius beschreibt die finanziellen Verwerfungen, die mit den kollektiven Umverteilungssystemen unvermeidlich einhergehen.

Auf die destruktiven Anreize des Sozialstaats konzentrieren sich noch zwei weitere Beiträge. Stefan Blankertz geht der Frage nach, ob der Staat tatsächlich so etwas wie soziale Sicherheit garantieren kann. Die heutige staatliche Risikovermeidungspolitik schränkt die Freiheit und Eigenverantwortung der Bürger jedenfalls massiv und immer mehr ein, und Leistungsanreize werden zerstört. Auch James Bartholomew beschreibt am Beispiel Grossbritanniens, wie der Sozialstaat das Verhalten seiner «Kunden» zunehmend verändert – häufig mit erschreckender Wirkung bis zu Entfremdung, Drogensucht und Gewalt.

Nicht nur Kritik am Bestehenden, auch der Blick auf bessere Alternativen sollen aufgezeigt werden. Die Beiträge im dritten Abschnitt zeigen verschiedene Modelle der sozialer Für- und Vorsorge auf, die der Zivilgesellschaft mehr Raum geben und marktwirtschaftliche Anreize nutzen anstatt sie zu unterdrücken. Hans-Hermann Hoppe nimmt eine notwendige Unterscheidung zwischen Umverteilung, Vorsorge und Versicherung vor. Er stellt fest, dass zahlreiche Elemente des Sozialstaates zu Unrecht den Titel der Versicherung tragen, da sie gar nicht unvorhersehbare individuelle Risiken absichern, sondern hauptsächlich umverteilen. Wechselfälle des Lebens, die jedoch nicht dem Zufall unterliegen, sondern durch die Menschen beeinflusst werden können, bedürfen statt einer Versicherung der Vorsorge.

Dass ein Übergang heutiger Umverteilungssysteme zu Systemen tatsächlicher Vorsorge möglich ist, beschreibt Pierre Bessard am Beispiel der schweizerischen AHV. Seine optimistische Botschaft: Nachhaltige Verbesserungen erfordern keine Revolutionen. Wie genau ein System individueller

Vorsorge aufgebaut ist, beschreibt im Anschluss anschaulich Paolo Pamini. Nur wenige Stellhebel können individuellen Sparplänen gewaltige Vorteile gegenüber heutigen Umverteilungssystemen verschaffen. Ähnliches gilt auch für das abschliessend von Pierre Bessard vorgestellte System privaten Gesundheitssparens, wie es in Singapur praktiziert wird. Das mehrschichtige singapurische Gesundheitssystem verbindet dabei Vorsorge mit Versicherung und Nothilfe und erzielt dabei eine erstaunliche Effizienz bei bestem Leistungsausweis.

Zum Schluss stellt Robert Nef fest, dass der Weg zu dauerhaften, zivilgesellschaftlichen Lösungen im Bereich der Absicherung gegen Krankheit, Altersarmut oder Arbeitslosigkeit mit dem Eingeständnis beginnen müssen, dass der Sozialstaat am Ende ist. Mehr vom Alten kann die Probleme, mit denen die Wohlfahrtsstaaten kämpfen, unmöglich lösen.

Fassen wir also den Mut, das Scheitern der alten Rezepte anzuerkennen. Lassen wir uns von Bequemlichkeit und Tabus nicht abhalten, Alternativen zu erkunden.

I.
ENTWICKLUNG

«Aufgeklärter» Wohlfahrtsdespotismus
Die historischen Wurzeln des Sozialstaats

Gerd Habermann

Nur wenige wissen, dass unser moderner Wohlfahrtsstaat eine Erfindung aus Deutschland, speziell aus dem Preussen des 18. Jahrhunderts ist, und dass wir gegenwärtig zu einem Wohlfahrtsdespotismus zurückkehren, an dessen Spitze im 18. Jahrhundert «aufgeklärte» Bürokraten und der Fürst standen und heute «aufgeklärte» Bürokraten und ein demokratisch gewähltes Parlament stehen. Ausgetauscht worden sind also nur die obersten Befehlsstellen, strukturell und ideologisch aber hat sich das Bild kaum geändert.

Der Gang der letzten drei- bis vierhundert Jahre preussisch-deutscher Geschichte lässt sich, ähnlich wie in vielen anderen Ländern Europas, darstellen als Aufbruch aus einer relativ «geschlossenen Gesellschaft» des zuteilenden Bevormundungsstaates der Fürsten in die vergleichsweise offene Gesellschaft des liberalen Zeitalters. Dieser Siegeszug der Freiheit und des Glaubens an eine Ordnung durch Freiheit wurde in Preussen-Deutschland durch die antiliberale Wende des Kanzlers Bismarck im letzten Viertel des 19. Jahrhunderts jäh unterbrochen. In anderen Ländern geschah dies erst Jahrzehnte später, am spätesten in den USA und der Schweiz.

Das Jahr 1878 kann als das Symboljahr für die partielle Rückkehr des älteren Gesellschaftssystems gelten. Die alten Ideale distributiver Gerechtigkeit durch die Staatsorganisation («jedem das Seine») und des «Glücks der meisten» durch obrigkeitliche Anordnung erleben seither eine überraschende Wiederkehr. Intellektuelle Vorhut dieses Umschlags waren neben den Sozialisten die gelehrten Sozialreformer der «historischen Schule» und Denker wie etwa der Ökonom und Staatssozialist Adolf Wagner. Ihre sozialpolitischen Ideale beherrschten – nach einem kurzen Intermezzo des Freihandels – bald die öffentliche Diskussion. Ihre Ideale bestimmen bis heute den Geist und die Praxis der deutschen und europäischen Wohlfahrtspolitik. Vorübergehend kam es in Deutschland gar zum völligen Triumph des Staates. Für einige Jahre – im Ersten Weltkrieg und im «Dritten Reich» – verloren selbst die Gütermärkte ihre Freiheit; es herrschte praktisch «Staatssklaverei».

Das Jahr 1948 mit seiner einschneidenden liberalen Wirtschaftsreform widerlegte faktisch den in Deutschland verbreiten Fatalismus, den Glauben an die historische Zwangsläufigkeit fortschreitender Kollektivierung. Der Versuch, den liberalen Ordo oder «Kosmos» zu verwirklichen, das heisst eine in sich einheitliche Gesellschaftsordnung auf der Basis der Freiheit, scheiterte jedoch vorerst: Die soziale Kollektivierung ging auf ökonomisch liberalisiertem Unterbau weiter, trotz der bedeutenden Vergrösserung des Wohlstands und einer besseren Ausbildung. Die Einschränkung von im 19. Jahrhundert errungenen subjektiven Rechten, der Vertragsfreiheit sowie des Rechts der Einkommensverwendung nach eigenen Präferenzen griff selbst unter Ludwig Erhards liberalem Regime weit über die Gruppe der «Proletarier» hinaus. Inzwischen erfasst sie praktisch die gesamte Bevölkerung, womit sich die düstere Prognose Hilaire Bellocs oder die Voraussagen Tocquevilles oder Bertrand de Jouvenels bestätigt haben.

Die zunehmende Besorgung persönlicher Angelegenheiten durch den Staat mag im gewerblichen Bereich mit Liberalisierung (Deregulierung und Privatisierung) einhergehen. So wurden in Deutschland unter dem Druck wachsender öffentlicher Verschuldung sogar die Eisenbahn und die Post privatisiert, wenn auch unvollkommen. Andererseits formiert sich ein Wohlfahrtsstaat auf europäischer Ebene. Die «Kommission» der Europäischen Gemeinschaft traut sich zu, die Vielfalt nationaler sozialer Regulierungen überwinden zu können und sogar einen euronationalen Finanzausgleich nach dem Muster des deutschen Wohlfahrtsstaates einzurichten. Bei den Anhängern einer europäischen «Sozialunion» herrscht die Vorstellung eines europäischen Sozialprodukts vor, das es nach den Grundsätzen distributiver Gerechtigkeit unter den beteiligten Völkern aufzuteilen gelte. Mit der Griechenlandhilfe und dem «Euroschutzschirm» im Nachgang der letzten Finanzkrise ist ein wichtiger Schritt in Richtung «Transferunion» getan worden.

Beobachtungen und Meinungen

Die Rückkehr des «aufgeklärten» Wohlfahrtsdespotismus ist vielfach festgestellt worden, zuerst von den Zeitgenossen. Die Ökonomen Gustav von Schmoller und Adolf Wagner haben eine solche Rückkehr ausdrücklich gefordert und jede weitere Intervention in diese Richtung jubelnd begrüsst. Ihr «soziales Königtum» nimmt die «soziale Demokratie» vorweg. Am Anfang des 20. Jahrhunderts schrieb Edmund Bernatzik: «Wir Heutigen kehren zu den Prinzipien des Wohlfahrtsstaates insofern zurück, als wir seine Kulturstaatsidee wieder anerkennen. Der einzige Unterschied liegt in den rechtlichen Mitteln. Aufgrund von Gesetzen gestattet sich der heutige Staat alles, noch viel mehr als der Polizeistaat.» Ähnlich lautet das Urteil eines Kenners der älteren deutschen Verwaltungsgeschichte, Kurt Wolzendorff: «So lebten – und leben – in Staatslehre die Reste des Polizeistaates immer weiter, bis über die Mitte des 19. Jahrhunderts hinaus, wo siegreich wieder eine neue Staatsidee auftritt, die über die Verwirklichung der Rechtsordnung hinaus alle Zweige menschlicher Kultur zu fördern sucht.» Oder: «Der moderne staatstheoretische Polizeigedanke ist in seiner Wirkung dem des Polizeistaates wieder sehr nahegekommen.»

Die entschiedenen Liberalen der Bismarck-Zeit erkannten diese Wiederkehr alter Ideale und Strukturen in aller Klarheit. Sie sahen mit Bitterkeit die Frucht jahrzehntelanger politischer Arbeit vernichtet. Finanzwissenschaftler konstatierten die Wiederkehr des Merkantilismus, besonders in der Aussenwirtschaft und im Ideal staatlicher Vollbeschäftigungspolitik. Ebenso bemerkten Verwaltungswissenschaftler die Kontinuität in der wohlfahrtsstaatlichen Intervention. Notorisch ist etwa Otto Mayers Diktum: Verfassungsrecht vergeht, Verwaltungsrecht besteht.

Historiker wie Franz Schnabel oder Erwin Hölzle erkannten diese Entwicklung ebenso wie Soziologen oder Juristen. Max Weber warnte in einer Polemik gegen Adolf Wagner vor der «Hörigkeit der Zukunft» und malte das Ende der kapitalistischen Welt und den Sieg der Bürokratie aus. Resigniert schrieb in dieser Tradition vor einigen Jahren der Politologe und Sozialphilosoph Hans Maier: «Der private Individualismus, einst der stärkste Gegner polizeistaatlicher Verwaltung, hat gegenüber dem potentiell weit stärkeren Staat und seiner Verwaltung seine eindämmende und regulierende Kraft fast vollständig eingebüsst.» An die Stelle des autarken Individuums in der alten Grundrechtstheorie, das vor staatlichen Eingriffen in Freiheit und Eigentum geschützt werden soll, sei wieder ein bedürftiges Individuum getreten, das auf Staatshilfe nicht nur rechne, sondern dringend auf sie angewiesen sei. Ein Wesen also, das über die sozialen Voraussetzungen, mit denen die rechtsstaatliche Verfassung rechne, meist gar nicht mehr verfüge. «Die Freiheitsverbürgungen, welche die Verfassung in ihrem Grundrechtsteil bot, stossen hier gewissermassen ins Leere.»

Gegen Ende des 19. Jahrhunderts bemerkte Gustav Marchet: «So arbeitet England daran, das Individuum allerwegen in den Vordergrund zu stellen, Frankreich erstritt die Freiheit für die Welt, Deutschland suchte den Staatsbegriff und damit die Verwaltung». Inzwischen sucht die ganze westliche Zivilisation den Staat als Helfer bei Problemen, die früheren Generationen als Sache privat-persönlicher Entscheidungskompetenz gegolten hatte.

Daseinsvorsorge, Glück der Massen, Verteilungsgerechtigkeit

Dass die Obrigkeit sich um das «gemeinschaftliche Beste» oder die «gemeinschaftliche Glückseligkeit» der Untertanen zu kümmern habe, also um deren Lebensregulierung und ständige Beaufsichtigung; dass man den moralisch und intellektuell unvollkommenen Einzelnen nicht seinen autonomen Entscheidungen überlassen dürfe; dass der Staat schliesslich auch für die «Lebenssuffizienz» (Christian Wolff) der Untertanen zuständig sei: Dies war im 18. Jahrhundert das geteilte Gedankengut aller «aufgeklärten» Herrscher. Der preussische Wohlfahrtsstaat gab im Zeichen des «jedem das Seine» (*suum cuique*) sogar soziale Besitzstandsgarantien für die «staatstragenden» Wirtschaftsgruppen und kodifizierte diese in seinem «Landrecht» (1794).

Der Sache nach geht auch der moderne Wohlfahrtsstaat von diesen Voraussetzungen aus und hat in etwa dieselben Ziele. Er gesteht der Marktwirtschaft zur Erreichung der «Glückseligkeit» zwar einen grösseren Anteil zu als sein «aufgeklärter» Vorgänger (andererseits ist der Anteil der Subsistenzwirtschaft heute geringer). Was damals «Glückseligkeit» hiess, nennt sich heute «Glück», «Geborgenheit», «Sicherheit», «menschenwürdiges Dasein» oder, wie schon damals, «Wohlfahrt». Auch bedeutet es, wie bereits Tocqueville bemerkte, für die Sozialstruktur nicht viel, dass damals eine intellektuelle Bürokratenkaste mit einem Monarchen und heute die Bürokratie mit einem demokratisch gewählten Parlament diese «Wohlfahrt» und «gemeinschaftliche Glückseligkeit» zu organisieren sucht. Ebenso ist es unerheblich, wie die Unfähigkeit des Einzelnen zur Wahrung seiner Interessen begründet wird. Typischerweise spricht man heute in allgemeinen Ausdrücken von der Komplexität der modernen Industriegesellschaft, deren für den Einzelnen unübersehbar gewordenen Risiken, die seine wohlfahrtsstaatliche Bevormundung notwendig machten.

Vergleich der Methoden

Die ältere «Zwangsanstalt für das Glück der Völker» (Lorenz von Stein) bediente sich teils derselben Mittel wie der moderne Wohlfahrtsstaat. Beiden gleich ist das Motto, das schon die alte Zunftpolitik der Städte charakterisierte: «Jedem sein Auskommen»; oder, wie es Christian Wolff ausdrückte: «Der Preis der Arbeit wie der der Waren muss so bestimmt sein, dass jeder sich verschaffen kann, wessen er bedarf».

Der moderne Wohlfahrtsstaat sucht über seine arbeits- und sozialrechtlichen Bemühungen zu erreichen, dass ein gegebener Lebensstandard nach Möglichkeit gehalten, jedenfalls ein auffallender sozialer Abstieg vermieden wird und niemand sichtbar als «arm» dastehen muss. Der Wille zur Selbständigkeit auch in Notlagen wird mit Regierungspropaganda bekämpft. Zur Armutsprophylaxe organisiert der Staat heutzutage seine Einkommensversicherungen, die in Wahrheit mehr oder weniger ausgeprägte Staatsversorgungen darstellen. Das 18. Jahrhundert traf ähnliche Vorkehrungen: Besonders auffällig war die Feuerversicherung, die – meist als Staatsmonopol – auch für diejenigen obligatorisch wurde, die ihr «wahres Bestes» nicht einsehen wollten. Einige dieser Einrichtungen existieren bis auf den heutigen Tag in staatlicher Regie. Die Knappschaftskassen waren damals schon ähnlich wie heute strukturiert und reglementiert – sogar mit der Spaltung des Tributs in einen Arbeitgeber- und einen Arbeitnehmeranteil. Sie dienten der späteren Sozialversicherung ebenso als Vorbild wie die obrigkeitlich reglementierten Versorgungswerke der Zünfte. Sonstige Pensions-, Witwen- und Waisenkassen kommen vielerorts vor oder werden gefordert. Dem Versicherungswesen und seiner Regulierung wird in Verwaltungslehren und Gesetzbüchern jener Zeit viel Aufmerksamkeit zuteil. Soweit es «privat» ist, wird es misstrauisch überwacht, damals wie heute.

Freilich sind die Anfänge einer «Sozialversicherung» im 18. Jahrhundert bescheiden. Zur «Daseinsvorsorge» bedient sich der ältere Wohlfahrtsstaat vorwiegend anderer Instrumente wie der Verbilligung lebenswichtiger Güter über Magazine und deren antizyklischer Bevorratungspolitik. Auch ausserhalb dieser Magazinpolitik wird Einfluss auf die Preise für lebenswichtige Produkte genommen. Mittels Preistaxen soll jedem ein auskömmliches Leben ermöglicht werden. So wird der Lebensstandard nicht über monetäre Direktleistungen wie Sozialrenten oder staatliche Zuschüsse, sondern über Preisregulierungen garantiert.

Damals wie heute galt dem Arbeitsmarkt die besondere Aufmerksamkeit des Sozialstaates. Ein «Recht auf Arbeit» wird ausgesprochen, auch wenn die Konsequenz dieses «sozialen Grundrechts» – die Verstaatlichung der Produktionsmittel – nicht gezogen wird. Ein Ausfluss dieses «Rechts» ist die staatliche Arbeitsbeschaffungspolitik. Eine Besonderheit des 18. Jahrhunderts stellen die «Arbeitshäuser» dar, die neben dem «sozialen» auch einen moralischen Aspekt hatten: Sie waren auch Anstalten zur Arbeitserziehung. Dieser Aspekt tritt heute zurück. Daneben wurde damals «Industriepolitik» in grossem Umfang betrieben, die zumindest teilweise auch sozialpolitisch begründet wurde und dies heute noch wird. Ähnlich sollten im 18. Jahrhundert Aussenzölle und Einschränkungen der Freizügigkeit wirken. Der Staat war in grossem Umfang wie heute, wenn auch im gewerblichen Bereich zuletzt rückläufig, selbst Unternehmer. Von seinen zahlreichen Gründungen überlebten einige das liberale Zeitalter: Domänen und Mustergüter, Druckereien, Bäder, Porzellanmanufakturen, Münzprägeanstalten, Bergwerksbetriebe. Auch im Bankenbereich ist der Staat bis heute umfassend tätig, von der nationalen Zentralbank bis zu den regionalen Sparkassen oder (in der Schweiz) Kantonalbanken.

Die Macht der Zünfte wurde in Deutschland nur für wenige Jahrzehnte gebrochen (1869 bis 1935). Heute legt der Staat wie im 18. Jahrhundert die Arbeitsgebiete der bevorrechteten handwerklichen Berufe – es sind gegenwärtig etwa 100 – fest und zwingt den Handwerker zum Erwerb umfangreicher «Befähigungen», deren Besitz von zukünftigen Konkurrenten kontrolliert wird. Selbst Ludwig Erhard kapitulierte 1953 vor der «Handwerksordnung», während er andererseits nicht müde wurde, gegen ähnliche «Berufsordnungen» in anderen Gewerbezweigen anzugehen.

Auch das individuelle Arbeitsrecht war – wie heute wieder – reguliert, der freie Arbeitsvertrag war für die meisten Angestellten unbekannt. Staatliche Gesindeordnungen regelten die Arbeitsverträge: nicht nur die Lohnhöhe, sondern auch Fragen des Kündigungsschutzes, der Lohnfortzahlung bei Krankheit, sogar der Zeugnisausstellung. Auch war die «Arbeitsvermittlung» mit der Tätigkeit des «Gesindemäklers» schon damals beim Staat monopolisiert oder wird von ihm lizenziert.

Staatliche Familienpolitik im Interesse der Gleichheit und aus bevölkerungspolitischen Motiven ist ebenfalls keine Erfindung unseres Jahrhunderts: So wurde mit Subventionen, Darlehen, freien Zuschüssen oder durch staatliche Mitgiften die Eheschliessung erleichtert, kinderreiche Familien wurden unterstützt, und das Los unehelicher Kinder wurde verbessert. Begleitend dazu war – wie heute – die Skepsis gegenüber der erzieherischen Kompetenz der Eltern und gegen «Familienegoismus» verbreitet.

Die Obrigkeit sorgte im Interesse der Gesundheit damals für eine «zulässige Ergötzlichkeit des Gemütes» (Wolff). Da der Verderb der Sitten nun einmal eingerissen sei, so steht es bei Justi, müsse man auch Karneval, Maskeraden und Bälle tolerieren. Da sind wir heute freizügiger. Andererseits findet sich die Auffassung von der Unmoralität und Gefährlichkeit der «Glücksspiele» auch heute in der Gesetzgebung. Erwachsene werden wie Kinder behandelt – man betrachte nur die zeitgenössische Verbraucherschutzpolitik bis hin zum gesetzlichen Rauchverbot...

Zu einem menschenwürdigen Dasein gehöre das «Recht auf eine angemessene Wohnung»: Mieterschutzpolitik und staatlicher Wohnungsbau kamen ebenfalls schon im älteren Wohlfahrtsstaat vor. Friedrich der Grosse sorgte dafür, dass der Grundsatz «Kauf bricht Miete» nicht zur Anwendung gelangte, um den Mieter bei einem Wechsel des Wohnungseigentümers zu schützen.

Betrachten wir nun den Bauernschutz im 18. Jahrhundert. Er unterscheidet sich vom heutigen lediglich in den Mitteln: Was gegenwärtig über Preissubventionen und Abnahmegarantien geschieht, geschah damals über die Rechtsgarantie auf eine einmal besessene bäuerliche Stelle, verbunden mit dem Zwang, diese auch zu bewirtschaften. Auch die preussischen Grossagrarier genossen eine staatliche «Bestandsgarantie». Das Preussische Allgemeine Landrecht kodifiziert diesen «Jahrhundertvertrag».

Die heutige Praxis der Naturalleistungen zum «Nulltarif» im Gesundheitswesen ist eine Verallgemeinerung der Institution des Armenarztes des 18. Jahrhunderts. Wie damals die Hilfseinrichtungen für Arme – auch Bäder, Spitäler und anderes mehr zum Sozial- oder Nulltarif –, so sind heute ähnliche Einrichtungen für alle Bürger konzipiert; insoweit war das 18. Jahrhundert «rationaler» als das zwanzigste. Die privaten Hilfseinrichtungen – die Initiativen der Kirchen, Berufsverbände usw. – wurden damals unter öffentliche Kuratel genommen. Ohne genaueste Staatsaufsicht und Reglementierung sollten Private im karitativen Bereich nicht mehr tätig werden können. Auch dies ist heute kaum anders. Der 1937 geborene deutscher Staatsrechtler und Staatsphilosoph Josef Isensee schreibt: «Kirchen dürfen das Gnadenbrot des Sozialstaates essen, sofern sie sich seinen Plänen gefügig erweisen.» Im 19. Jahrhundert wurde der gesellschaftlichen Initiative grösserer Spielraum gewährt.

Zur Stärkung der seelischen Gesundheit und zur moralischen Erziehung der Untertanen nimmt die «Staatsraison» die Kirche als «nützliche» Einrichtung in Beschlag. Die kirchenfreie Gläubigkeit der Aufklärer hält daran fest, «dass die Lehre von einem zukünftigen Leben, von Belohnungen und Strafen jeder bürgerlichen Gesellschaft durchaus unentbehrlich» ist. Diese «tolerante» Einstellung des aufgeklärten Despotismus ist meist nur Ausdruck einer Geringschätzung aller Religionen, wie sie nicht nur bei dem grossen König zu finden ist. Hat sich diese Haltung der Regierungen inzwischen verändert? Zweifellos geht ihre «Toleranz» heute weiter; aber die Kirche befindet sich noch heute gegenüber anderen Privatvereinen in einer bevorzugten, «öffentlich-rechtlichen» Stellung. Die Trennung zwischen Staat und Kirche wurde nicht vollständig durchgeführt. Die Kirche sieht sich als nützliche Einrichtung politisch vielfach «gefördert».

Unterschiede

Unser moderner Wohlfahrtsstaat geht in einigen Punkten über die Neuerungen und Massnahmen des älteren hinaus, in anderen Punkten bleibt er dahinter zurück. Der allgemeine Schulzwang ist dem älteren Wohlfahrtsstaat in der Praxis unbekannt. Er stand im 18. Jahrhundert überwiegend auf dem Papier, wie auch der allgemeine Wehrzwang, der mit politischen Überlegungen gerechtfertigt wurde.

Dagegen kümmert sich der ältere Wohlfahrtsstaat in einem erstaunlichen Umfang um die sittliche «Selbstvervollkommnung» der Untertanen, während der moderne in diesem Punkt indifferent ist. Sitte und Moral gelten heute weitestgehend als «Privatsache». Ein «moralisches Minimum», legales Verhalten, genügt. Bei den Aufklärern sind die «Pflichten gegen sich selber» (im Interesse persönlicher Glückseligkeit) wie die gegen andere wichtige politische Anliegen. Man erfährt in einer Verwaltungslehre, dass man sich durch Bewegungsmangel und zu vieles Sitzen krank studieren kann, und dass «die Nacht zur Ruhe bestimmt ist». (Das deutsche «Bundesurlaubsgesetz» schreibt heute Entsprechendes für den Urlaub vor; §§1 und 8].) – Gewiss mischt sich der moderne Wohlfahrtsstaat nicht in Fragen der Art ein, wie hoch sich ein Student verschulden darf; ob die Mutter ihr Kleinkind selbst stillt und nachts zu sich ins Bett nimmt oder nicht, ist nicht Gegenstand behördlichen Interesses.

Wer über die detaillierte Bevormundung des 18. Jahrhunderts lächelt, sollte sich klarmachen, dass sich der moderne Staat heute bei Schulbauten für die Grösse der Toilettendeckel und die Zollstärke der Rohre sowie den Abstand der Drücker von der Wand interessiert, oder dass das Gesundheitsamt und die Gewerbeaufsicht sich darüber streiten können, ob in einem Fleischverarbeitungsbetrieb aus hygienischen Gründen glatte Kacheln oder aus Sicherheitsgründen geriffelte Kacheln anzubringen seien. Wahrscheinlich hat sich nur das Feld unpraktischer Reglementierungen verschoben... Gegenwärtige sozial-, arbeits-, steuer-, bau- oder umweltrechtliche Reglementierungen gehen an Skurrilität manchmal über das hinaus, was im 18. Jahrhundert geboten wurde.

Eine entscheidende Differenz

Was den älteren Wohlfahrtsstaat prinzipiell vom gegenwärtigen unterscheidet, ist seine freiheitliche Perspektive. Die Bürger sollen durch Reglementierung an den Gebrauch ihrer eigenen Vernunft gewöhnt werden. So konnte das Allgemeine Preussische Landrecht von 1794 als «Grundgesetz der Freiheit» bezeichnet werden. Einer seiner Mitverfasser, Ernst Ferdinand Klein, bemerkte: «Je einsichtsvoller die Nation, desto weniger wird es nötig sein, ihrer Freiheit Schranken zu setzen.» Im §83 der Einleitung zu diesem Gesetzbuch findet sich der Satz: «Die allgemeinen Rechte des Menschen gründen sich auf die natürliche Freiheit, sein eigenes Wohl ohne Kürzung der Rechte eines anderen suchen und befördern zu können.»

Heute fehlt diese freiheitliche Perspektive. Moderne Wohlfahrtsgesetzgebung will nicht zur «Freiheit» erziehen; vielmehr geht sie von einer offenbar naturgegebenen, ja wachsenden Schwäche oder Unkenntnis des Individuums in der «komplexen Gesellschaft» des industriellen Zeitalters aus. Wo sie etwas mehr Selbstverantwortlichkeit zugesteht, weicht sie nur fiskalischen Zwängen – unter scharfem Protest derjenigen, die glauben, soziale Besitzstände verteidigen zu müssen.

Die freieste Gesellschaft der Geschichte?

Es ist darum erstaunlich, dass die gegenwärtige Gesellschaft von manchen als die «freieste der Geschichte» bezeichnet wird. Die Frage lautet: frei hinsichtlich was? Zweifellos hat die Ansicht etwas für sich, wenn man den Umfang der heutigen erreichten «geistigen» Freiheit betrachtet. Wohl werden auch heute manchmal starke Pressionen gegen «politisch unkorrekte» Ansichten ausgeübt, die sich öffentlich gegen Meinungsklischees, Mythen und Interessen der Verantwortlichen in Parteien, Interessenverbänden oder Medien wenden. Echter Nonkonformismus fordert zu jeder Zeit seinen Preis und wird gerade deswegen auch von den grossen Kündern des Individualismus wie Ralph Waldo Emerson oder John Stuart Mill verherrlicht. Gleichwohl: Der heute erreichte Grad des Wettbewerbs der religiösen, politischen oder philosophischen Anschauungen («Pluralismus») ist wohl nicht geringer, eher noch grösser als selbst im «synkretistischen» Rom vor dem Sieg des Christentums. Es ist heute eine Trivialität, die Ansicht Friedrichs des Grossen zu wiederholen, dass «jeder nach seiner Fasson selig werden» solle (damals freilich mit der Einschränkung, dass er im Übrigen «pariere»). In geistiger Hinsicht gibt es keine Monopolstellungen mehr, weder gesetzliche noch faktische. Hinzu kommt eine Freizügigkeit und Mobilität, von der dank der erstaunlichen Entwicklung der Verkehrstechnik auch die Massen in hohem Grad Gebrauch machen können.

In anderer, «sozialer» Hinsicht jedoch sind einschneidende Verluste an Freiheitsrechten zu registrieren. Die «Leistungsverwaltung» des Wohlfahrtsstaats kann Fortschritte immer nur auf Kosten des Eigentums und der Freiheit der Bürger machen. Sozialer Schutz ist immer mit Herrschaft verbunden. Jede Leistung des Staates beruhe auf einem Verzicht des Bürgers, hatte Ludwig Erhard gesagt. Die durchschnittliche Belastung eines ledigen Arbeitnehmers mit Zwangsabgaben liegt heute in der Bundesrepublik – rechnet man auch die indirekten Steuern und den Arbeitgeberbeitrag zur Sozialversicherung mit ein – bei über 60 Prozent, bei steigender Tendenz. Die persönliche Leistung, vor allem die überdurchschnittliche, lohnt sich bei hohen Grenzsteuersätzen oder kumulierter Besteuerung «netto» vielfach nicht mehr. Wie über das späte Römische Reich kann es mit Luigi Einaudi (1950) auch heute in manchen Fällen heissen: Es ist günstiger, nach einer niedrigen Steuerklasse als nach dem höchsten Ertrag zu streben. Der Erwerbstätige arbeitet bei hoher Progression mehr für andere als für sich und die Seinen.

So verschwindet ein Teil der Wirtschaft in das «Reich der Schatten». Zwar bekommt der Bürger einen Teil dessen, was er verdient hat, «im Gnadenwege», wie Ludwig Erhard ironisch bemerkte, vom Staat als «Sozialleistung» zurück. Dies ändert aber an der Natur der Sache nichts: Der Ertrag persönlicher Arbeit wird zunächst zu einem grossen Teil enteignet. Was der Bürger zurückerhält und in welcher Form, hängt vom Gutdünken der Regierenden ab und entspricht vielfach nicht den persönlichen Präferenzen der Staatsbürger.

Direkte Zwangsarbeit für andere – die Frondienste und naturale Ablieferung der feudalen Zeit – ist gegenwärtig praktisch unbekannt. Aber ist es etwas anderes als indirekte unentgoltene Zwangsarbeit, wenn der typische Erwerbstätige heute, wie die deutsche Steuerzahlerorganisation regelmässig ermittelt, auf das Jahreseinkommen bezogen bis in den Monat Juli hinein für den anonymisierten «Herrn», die Staatsmaschinerie, arbeiten muss und erst von da an den Ertrag der eigenen Arbeit für eigene Zwecke verwenden kann? War das Ausmass an monetärer oder naturaler Belastung für den Bürger der Städte oder den freien Bauern früherer Jahrhunderte, war sie selbst im feudalen Zeitalter für die *glebae adscripti* (die «zur Scholle Gehörigen») grösser? Man darf daran zweifeln. Was heute über diese Tatsache hinwegtäuscht, ist wohl der absolut grössere Ertrag, der – bei steigender Produktivität – trotzdem dem Einzelnen verbleibt.

Diese weitgehende Tributpflicht an den staatlichen «Herrn» schwächt alle anderen Eigentumsträger, denen entsprechende Mittel entzogen werden. Private religiöse, kulturelle, soziale, politische Eigeninitiativen, privates Mäzenatentum grossen Stils müssen zurückgehen, wenn entsprechende Substanz nicht mehr zur Verfügung steht, da sie «weggesteuert» wird. Die Kultur der privaten Gesellschaft wird so von der ökonomischen Basis her aufgerollt. Mit der Kollektivierung der Eigentumsverwendung muss auch das «Ethos» leiden.

Staatliche Fürsorge ist innerhalb der Bürokratie seit langem selbstverständlich. Der Beamte – und in Annäherung daran auch andere Kategorien «öffentlicher Bediensteter» – schuldet den regelmässigen «Dienst» in «Treue und Gehorsam», und sein «Herr» gewährt ihm und seiner Familie dafür

Schutz und Unterhalt. Hier hat sich ein unpersönlich-patriarchalisches Verhältnis erhalten. Wie innerhalb der Bürokratie verhält es sich nun mehr und mehr in der Gesamtgesellschaft. Wie im Deutschland des neunten und zehnten Jahrhunderts der bis dahin freie Mann, von normannischen, ungarischen, arabischen Angreifern heimgesucht, sich einem adligen Herrn ergab, da er sich zu wirksamer Selbstverteidigung nicht mehr in der Lage sah, so gibt der Bürger heute seine im letzten Jahrhundert erkämpften Freiheitsrechte zurück, um dafür «soziale Sicherung» einzutauschen. Es war wohl nie ein Volk bei Unglück, Krankheit und im Alter so abhängig von staatlichen Versorgungsleistungen. Jürgen Kockas Bemerkung ist berechtigt: Man kann heute kaum mehr von «bürgerlicher Gesellschaft» sprechen, denn dazu gehören die Freiheit in der Entscheidung persönlicher Angelegenheiten und starke Eigentumsrechte als wichtigste Palladien. Selbst das Gefühl verlorener individueller Handlungsspielräume ist verbreitet nicht mehr vorhanden. Die sich mehrenden Währungs- und Finanzkrisen könnten diese Entwicklung beschleunigen oder aber – die Hoffnung der Liberalen – sie radikal umkehren.

Der lange Irrweg zum Schweizer Sozialstaat

Pierre Bessard

Im letzten Jahrhundert setzte sich die politische Überzeugung, dass alle Menschen gleichermassen gegen Risiken und Lebensereignisse wie Alter, Krankheit oder Arbeitslosigkeit staatlich erzwungen und kollektiv abgesichert werden müssten, auch in der Schweiz durch. «Solidarität» nach politisch bestimmter Zwangsumverteilung hiess und heisst seitdem die politische Patentlösung: «Solidarität» zwischen Reichen und Armen, Gesunden und Kranken oder zwischen Jungen und Alten. Die Kriterien dieser «Solidarität» können dabei je nach politischer Stimmungslage mehr oder weniger willkürlich angepasst werden. Was beispielsweise die Qualifikation «arm» im 21. Jahrhundert heisst, da selbst die bescheidensten Haushalte in der Regel über einen Flat-Screen-Fernseher und ein eigenes Auto verfügen, und da Übergewicht den Hunger als drängendstes Ernährungsproblem abgelöst hat, bleibt eine diskussionswürdige Frage. Oder was heisst «alt» in einer Gesellschaft, die eine rasante Steigerung der Lebenserwartung mit entsprechender Gesundheit und geistiger Fitness bis ins hohe Alter erlebt? An diese dynamische gesellschaftliche Entwicklung hat sich der Sozialstaat kaum angepasst.

Die Schliessung von sozialstaatlichen «Lücken» blieb lange Zeit oberste Priorität der nationalen Politik. Inzwischen hat sich die Sozialausgabenquote (im Verhältnis zum Bruttoinlandprodukt) von 11,2 Prozent 1970 auf heute 26,4 Prozent[1] mehr als verdoppelt (1950 betrug die Sozialausgabenquote lediglich 7,6 Prozent). Die Sozialausgaben wachsen schneller als die Wirtschaft – eine Entwicklung, die sich in den letzten 20 Jahren bedrohlich beschleunigt hat (siehe Abb. 1) – und verdrängt damit auch andere Ausgabenbereiche des Staates. Insgesamt werden heute in der Schweiz 124 Milliarden Franken pro Jahr in die soziale Umverteilung gesteckt (vor 20 Jahren waren es noch 55 Milliarden Franken). In absoluten Zahlen haben sich die Sozialausgaben pro Kopf und pro Jahr in den letzten 50 Jahren inflationsbereinigt nicht weniger als verzehnfacht, von rund 1500 auf rund 15 000 Franken. Die damit einhergehende Aushöhlung der Eigenverantwortung bleibt selbstverständlich nicht ohne negative Folgen für eine lebendige, autonome und pluralistische Zivilgesellschaft.

Abb. 1: Wachstum der Sozialausgaben (Quelle: Bundesamt für Statistik, Staatssekretariat für Wirtschaft)

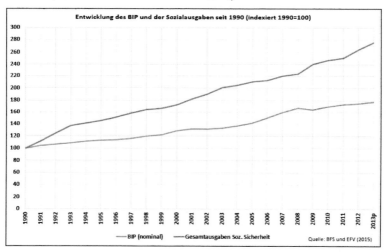

Die historische Entwicklung des schweizerischen Sozialstaates ermöglicht eine nüchterne Beurteilung seiner Auswirkungen. Insbesondere sollen hier die Entwicklung und Herausforderungen der Alters- und Hinterlassenenversicherung (AHV), der Invalidenversicherung (IV) und der Krankenversicherung betrachtet werden, die zusammen vier Fünftel der Sozialausgaben der Schweiz ausmachen.

Der Sozialstaat gegen die Bürger

Der Ausbau des Schweizer Sozialstaats wird in der öffentlichen Diskussion regelmässig auf den viertätigen Generalstreik vom November 1918 und damit auf den Druck der «einfachen Leute» zurückgeführt. Bei näherer Betrachtung der damaligen Ereignisse erweist sich dieses romantische Bild eines Aufbegehrens der Arbeiterbewegung gegen angebliche kapitalistische Ausbeutung aber als bestenfalls fahrlässig. Das historische Trauma des Landesstreiks war vor allem die Folge einer demagogisch geprägten politischen Instrumentalisierung der damaligen Wirtschaftskrise. Ursachen dieser Krise waren einerseits die expansive Steuerpolitik mit der Einführung der eidgenössischen Kriegssteuer (der heutigen Bundessteuer) und andererseits vor allem eine inflationäre Geldpolitik nach der Einführung der planwirtschaftlichen Nationalbank 1913: Zwischen 1914 und 1918 stieg der Konsumentenpreisindex von 100 auf 204 an. Diese beiden Faktoren, getrieben durch staatliche Miss- und Kriegswirtschaft in Europa, schmälerten spürbar die Kaufkraft der Haushalte. Linke Demagogen erkannten die Chance, diese wirtschaftliche Notlage zu benutzen, und inszenierten den landesweiten Streik.

Zudem spielte die erst kurz zuvor eröffnete sowjetrussische Botschaft in der Schweiz eine entscheidende Rolle in der Herbeiführung des Landesstreiks, indem sie eine intensive Propaganda für revolutionäre Unruhe betrieb. Das Personal der Botschaft wurde anschliessend gar aufgrund ihrer illegalen politischen Agitation aus der Schweiz ausgewiesen. Die Schweizer Sozialdemokraten, gleichsam als willige Helfer der sowjetischen Aktivisten, lancierten kurz vor dem Streik am 28. Oktober 1918 einen Aufruf zum Jahrestag der kommunistischen Revolution, der «das morsche, blutdurchtränkte Gebäude der kapitalistischen Welt» anprangerte.[2]

Ironischerweise war es wiederum die Sozialdemokratische Partei, die am Kriegsende – einige Monate vor dem Streik – mittels Volksinitiative für eine Aufnahme der inzwischen unnötig gewordenen und für die Wirtschaft schädlichen Kriegssteuer in die Verfassung warb. Eine Bürgermehrheit von 54 Prozent lehnte dieses Ansinnen jedoch ab.

Die Erklärung des Sozialstaatsausbaus auf den Landesstreik geht vor allem auf die während des Streiks formulierte Forderung der Organisatoren nach der Einführung einer Alters- und Invalidenversicherung zurück. Diese war jedoch lediglich eine politische Forderung unter vielen anderen, sie genoss keine nennenswerte Unterstützung unter den Bürgern. Die grosse Skepsis der Bürger gegenüber einem Ausbau des umverteilenden Sozialstaats zeigt sich vor allem darin, dass die direkte Demokratie über lange Zeit als zuverlässigste Bremse des sozialstaatlichen Ausbaus wirkte. Obwohl Sozialisten und Etatisten seit dem Ende des 19. Jahrhunderts politischen Druck zugunsten eines umfassenden Sozialstaats ausübten, wurden die AHV (nach mehrmaligen, angesichts der Opposition der Bürger erfolglosen Versuchen) erst 1948, die Invalidenversicherung 1960 und die kollektivistische Krankenversicherung gar erst 1996 eingeführt.

Das Beispiel des Mutterschaftsurlaubs

Die Verstaatlichung des Mutterschaftsurlaubs, der von vielen Arbeitgebern bereits freiwillig angeboten worden war, ist ein prägnantes Beispiel für die grundsätzliche Neigung der Schweizer Bürger zu Eigenverantwortung und Privatautonomie: Das über 20 Jahre durch Sozialisten und Etatisten verfolgte Projekt einer staatlichen Mutterschaftsversicherung musste bis 2005 warten und relativ bescheiden ausgestaltet werden, um eine Chance an der Urne zu erhalten. Ein ähnliches Begehren zur Einführung einer Mutterschaftsversicherung war noch 1999 mit einem Nein-Stimmenanteil von 61,6 Prozent abgelehnt worden, zwölf Jahre zuvor die Teilrevision des Kranken- und Mutterschaftsversicherungsgesetzes in einer Referendumsabstimmung mit 71 Prozent Nein-Stimmen, und 1984 wurde die Volksinitiative «Für einen besseren Schutz der Mutterschaft» mit 84 Prozent Nein-Stimmen in die Wüste geschickt. Nur aufgrund des steten, unnachgiebigen Drängens der Wohlfahrtsdemagogen konnte in der Schweiz eine «Staatsrente für Neugeborene» eingeführt werden. Selbstverständlich wird diese Rente zum grossen Teil aus den Lohnabzügen der Eltern finanziert. Der verstaatlichte Mutterschaftsurlaub stellt somit keine «soziale Errungenschaft» dar, sondern lediglich die Verdrängung zivilgesellschaftlicher Lösungen durch eine weitere Zwangsumverteilung.

Der verstaatlichte Mutterschaftsurlaub veranschaulicht übrigens nicht zuletzt den finanziellen Teufelskreis einer Sozialversicherung: Die neue Regelung führte bereits im Jahr ihrer Einführung dazu, dass die Erwerbsersatzordnung (EO) in die roten Zahlen gedrängt wurde. Wahrheitswidrig war noch im Abstimmungskampf von den Befürwortern behauptet worden, es sei ausreichend Geld im System «vorhanden». Das zuvor noch positive EO-Ergebnis belastet seither die ohnehin prekäre finanzielle Lage des AHV-Fonds. Die Lohnabzüge mussten seitdem mehrmals weiter erhöht und die verfügbaren Einkommen der Haushalte damit reduziert werden – sicher nicht zum letzten Mal. Dass durch derartige Eingriffe die Wirtschaftsleistung und damit auch die Beschäftigungschancen für Mütter geschwächt werden, wird aus der sozialdemagogischen Debatte gänzlich verdrängt.

Der stetige Ausbau des Sozialstaats kann jedoch keinesfalls allein der kollektivistischen Ideologie der Sozialdemokraten angelastet werden – auch bürgerliche Kreise unterstützen regelmässig den verantwortungslosen politischen Sozialpopulismus, etwa schmackhaft verpackt als «praktisches Christentum». Es wurde von diesen Kreisen immer wieder leichtfertig in Kauf genommen, dass die freiwillig organisierte und spontane Solidarität der Zivilgesellschaft auf den Staat übertragen oder durch diesen verdrängt wurde. Die langfristigen Folgen und die falschen Anreize, die durch den Ausbau des Umverteilungsstaates entstanden, wurden wenig hinterfragt, obwohl Warnungen wiederholt geäussert wurden.

Die AHV: ursprünglich unerwünscht

Trotz aller unzweifelhaften Defizite im Lebensstandard gerade vieler älterer Menschen Anfang des 20. Jahrhunderts ist bemerkenswert, dass die Schweiz bereits seit 1860 eines der weltweit höchsten Einkommen pro Kopf aufwies. Im Jahr 1913 waren nur die Amerikaner, die Kanadier und die Engländer wohlhabender als die Schweizer.[3] Heute ist bekannt, dass die teilweise prekären sozialen Verhältnisse gewisser Bevölkerungskreise völlig zu Unrecht – und häufig mit demagogischer Absicht – auf die frühkapitalistische Industrialisierung zurückgeführt wurden, wo sie doch in Wahrheit die Folge von Überresten des Feudalismus waren. Zu Zeiten des Feudalismus war die Ausbeutung der arbeitenden Bevölkerung, insbesondere durch Einschränkung der Wirtschaftsfreiheit, tatsächlich weit verbreitet und führte zu verheerenden wirtschaftlichen Schäden. Subsistenzwirtschaft und eine sehr tiefe Lebenserwartung waren die Folge. Mit der Industrialisierung und der Entwicklung einer zunehmend freien Marktwirtschaft konnten jedoch der Lebensstandard und die Lebenserwartung der Arbeiter und der Bauern rasant und kontinuierlich gesteigert werden. Ein historisch einmaliger Prozess, dem der kollektivistische, umverteilende Sozialstaat von Beginn an nicht angemessen war. Der Sozialstaat beruht konzeptionell also auf einer Fehleinschätzung der tatsächlichen wirtschaftlichen und sozialen Verhältnisse und Entwicklung.

Die weitgehende Fehlentwicklung des Schweizer Umverteilungsstaats war wahrlich alles andere als eine Selbstverständlichkeit. Die Einführung der AHV, die heute eine Art «heilige Kuh» der Schweizer Politlandschaft darstellt, wurde noch 1931 mit einer Bürgermehrheit von 60,3 Prozent abgelehnt (obwohl eine solche Sozialversicherung bereits im späten 19. Jahrhundert angestrebt wurde und eine verfassungsrechtliche Grundlage für ihre Einführung seit den 1920er Jahren bestand). In einem Leitartikel auf der ersten Seite der *Neuen Zürcher Zeitung* vom 3. Dezember 1931[4] – drei Tage vor der Volksabstimmung – fasste der Wirtschaftspublizist Wilhelm

Meier die Schädlichkeit und moralische Fragwürdigkeit dieser Sozialversicherung treffend zusammen:

> Es ist durchaus unbegründet, deswegen unserm Lande ein Armutszeugnis auszustellen, weil es, im Gegensatz zu seinen bahnbrechenden und fortschrittlichen Leistungen auf andern Gebieten, eine Sozialversicherung erst einführt, nachdem ihm hier nicht weniger als 18 europäische Staaten vorangegangen sind. Wäre nicht die Frage berechtigt, ob wir in der Schweiz gerade deshalb noch besser dastehen, weil wir am Grundsatz der Selbstständigkeit und Selbstverantwortlichkeit festgehalten haben? Sind wir nicht verpflichtet, sie am Vorabend des 6. Dezember zu stellen, vor allem im Hinblick darauf, ob das Hauptaktivum unserer gesamten Volkswirtschaft, die Lebensenergie und die Spannkraft unseres Volkes, durch die Versicherung erhalten bleibt oder nicht?
>
> Dass die soziale Versorgung den Willen zur Arbeitsamkeit, Sparsamkeit und Einfachheit hemmt, braucht hier nicht weiter betont zu werden. [...]
>
> Die soziale Versorgung vermindert mehr oder weniger das Bewusstsein der Selbstverantwortlichkeit. [...]
>
> Die soziale Vorsorge reizt zur Ausnützung auf Kosten anderer. [...]
>
> Die soziale Versorgung schadet auch dem Familiengedanken. Er wird vor allem dort geschädigt, wo ein Minderjähriger einen Rechtsanspruch auf Leistungen hat, ohne dass Eltern oder Vormund dabei etwas zu sagen haben. [...]
>
> Die soziale Versorgung hält die klassenkämpferischen Parteien im Sattel, gibt es doch kein besseres Mittel, sie zu stärken, als wenn man ganze Volksschichten öffentlich versorgt. Auch das ist ein Stück Sozialisierung. Das schlimmste ist, dass es kein Zurück mehr gibt. Gewiss, jede soziale Volksversicherung ist wenigstens im Hinblick an ihre Ausmasse ein grandioses Werk. Es mag in bester Absicht

begonnen und aufgebaut werden. Anfänglich treten vielleicht die Schäden nicht so klar zutage, denn das Volk hat noch einen sittlichen Fonds in sich, vom dem sozusagen Staat und Versicherung zehren können. Erziehung, überkommene Ehrlichkeit, Sparsamkeit, Selbstverantwortlichkeit und gegenseitige Kontrolle können noch nachwirken und stützen das Fundament des Gebäudes. Sind aber diese Reserven aufgebraucht, dann sind die Hemmungen beseitigt, die sozialen Kontrollen aufgehoben, dann ist der Zusammenbruch da.

Aus Sicht einer eigenverantwortlichen Zivilgesellschaft ist die Einführung der AHV somit alles andere als eine «Errungenschaft». Vielmehr muss die Annahme der späteren Vorlage von 1947 als ein bedauerlicher, schwerwiegender gesellschaftlicher Rückschritt betrachtet werden. Sie ist Ausdruck des kollektivistisch geprägten kulturellen Umfelds der Nachkriegszeit. Dabei schien die AHV auf den ersten Blick ihren Zweck zu erfüllen und vielen älteren Menschen ein Einkommen zu sichern. Genau dieser Zweck hätte nach Ende der Kriegswirtschaft jedoch ebenso und besser durch den einer Marktwirtschaft eigenen Prozess aus Arbeit, Ersparnis, Investition und gezielte freiwillige Solidarität erreicht werden können. Anders als die AHV wäre ein marktwirtschaftliches Verfahren individueller Vorsorge auch nicht gleich einem illegalen Ponzi-Spiel als Schneeballsystem konzipiert, welches eine ständige finanzielle Schieflage nach sich zieht, die persönliche Verantwortung schwächt und unfähig zur Anpassung an demographische Herausforderungen ist.

Tatsächlich wird die AHV zu Unrecht als «Versicherung» bezeichnet. Es kann aber nicht davon ausgegangen werden, dass die Rentenbezüger «Beiträge» entrichtet haben, durch die sie einen Rentenanspruch gewinnen. Die erste Generation von AHV-«Versicherten» erhielt etwa eine Rente, ohne ins System überhaupt oder genügend eingezahlt zu haben. Sie profitierte wie in einem Schneeballsystem auf Kosten künftiger Einzahler. Genau dies machte möglicherweise die

AHV-Einführung nach den Wirrnissen der Kriegszeit ausreichend populär. AHV-Lohnabzüge sind keine Einzahlungen in ein persönliches AHV-Konto, wie dies der offizielle AHV-Ausweis und die persönliche AHV-Nummer suggerieren könnten. Es handelt sich bei diesen Abzügen schlicht um eine Steuer, die unmittelbar an die Bezüger nach einem Umlageverfahren verteilt wird. Da die AHV keine Lohn- oder Einkommensobergrenze kennt, ist die AHV-Steuer richtig betrachtet eine zusätzliche proportionale Einkommenssteuer von 8,4 Prozent (bis 7,8 Prozent für selbständig Erwerbende).

Die Lebenserwartung ist derweil erfreulicherweise seit Einführung der AHV von 68 auf 83 Jahre gestiegen. Das gesetzliche Referenzalter für den Rentenbezug ist dagegen bei 64 bzw. 65 Jahren stecken geblieben. Heute muss die AHV unentwegt durch die Mehrwertsteuer und weitere Steuern subventioniert werden, um die Auszahlungsansprüche abdecken zu können. Die «Beiträge» reichen längst nicht mehr aus! Inzwischen kostet die AHV jedes Jahr über 40 Milliarden Franken, wovon mehr als ein Viertel über die Einnahmen aus der AHV-Steuer hinaus aus anderen Steuerquellen finanziert werden muss.

Die mit der AHV verbundene Steuerbelastung hat aufgrund der Reformunfähigkeit der AHV wesentlich dazu beigetragen, dass das Wachstumspotenzial der Schweizer Wirtschaft mit der Zeit bedeutend geschwächt wurde. Der oft gehörte Einwand, dass die AHV-Renten durch die Bezüger «konsumiert» würden und daher auch belebend für die Wirtschaft seien, ist selbstverständlich unsinnig. AHV-Renten reizen zum Konsum auf Kosten anderer Menschen an, die andernfalls dieses Geld ebenfalls konsumiert oder investiert hätten. Die AHV-Renten stellen lediglich eine Umverteilung dar und schaffen keinen wirtschaftlichen Mehrwert.

Inzwischen ist selbst die zweite Säule der Altersvorsorge, die Berufliche Vorsorge, durch eine beständige Politisierung und Bürokratisierung zu einem ähnlichen Problemfall geworden wie die AHV – sowohl hinsichtlich der Finanzierung wie auch ihrer moralischen Fundierung. Im Falle der Beruflichen Vorsorge trägt der Versicherte alle mit der Vermögensanlage und Demographie verbundenen Risiken, kann aber dennoch keine Vertragsfreiheit zwischen sich und seiner Pensionskasse einfordern, er kann sich also nicht auf die disziplinierende Wirkung eines freien Wettbewerbs verlassen. Zentrale Entscheide unterliegen nicht dem Markt, sondern dem politischen Kalkül, welches aus demagogischen, wahltaktischen Überlegungen dazu tendiert, Kosten auf künftige Generationen umzuwälzen. Dies betrifft insbesondere den «Mindestzins» oder den Umwandlungssatz der zweiten Säule.

Das heutige Modell der Beruflichen Vorsorge ist ein Relikt des Paternalismus aus dem 19. Jahrhunderts, das nur weiterbesteht, weil es zu einem Gesetz erstarrt ist. Diese rechtliche Bevormundung ist eine ständige Quelle der Ineffizienz, sei es durch überhöhte Verwaltungskosten, mangelnde Professionalität in der Vermögensverwaltung oder inadäquate Regulierungsschranken. Besorgniserregend ist: Der Staat, der sich als Treiber und Regulator der zweiten Säule geriert, gehört selbst zu den schlechtesten Pensionskassenverwaltern. Der mangelhafte Betrieb und die daraus folgenden Defizite der öffentlichen Pensionskassen müssen regelmässig durch die Steuerzahler ausgeglichen werden.

Die IV: Eine unnötige Leidensgeschichte

Ähnlich wie im Falle der AHV wurde eine kollektive Invalidenversicherung bereits seit Ende des 19. Jahrhunderts in Erwägung gezogen. Seit den 1920er Jahren hatte der Bund wie schon für die AHV die verfassungsrechtliche Kompetenz, eine IV einzuführen. Aufgrund der ursprünglichen Ablehnung der AHV durch die Bevölkerung wurden jedoch die politischen Anstrengungen vorerst auf die Verstaatlichung der Altersvorsorge konzentriert. Die Kollektivierung der IV wurde somit hintangestellt. Erst ab den 1950er Jahren, nach Einführung der AHV, mehrte sich die Forderung, nun auch eine staatliche IV ins Leben zu rufen. Vor allem die Sozialdemokratische Partei und die (kommunistische) Partei der Arbeit erhöhten den politischen Druck, indem sie je eine eigene Volksinitiative einreichten. Wie schon bei der AHV waren es sozialdemokratische und sozialistische Kreise, die sich für die Verstaatlichung eines weiteren Elements der Zivilgesellschaft einsetzten: Erneut sollten Eigenverantwortung und freiwillige Solidarität durch Zwangsumverteilung nach zentralstaatlichen Gesichtspunkten ersetzt werden.

Um die wenigen tatsächlichen Invaliden hatten sich bis anhin zuverlässig die Unfallversicherung, die Militärversicherung, die Pensionskassen, gemeinnützige Institutionen einschliesslich Selbsthilfeorganisationen sowie lokale öffentliche Einrichtungen gekümmert, die dezentral organisiert und sehr gezielt arbeiteten. Das Fehlen einer nationalkollektiven IV war allein in den Augen der Sozialisten und Etatisten eine «sozialpolitische Lücke». Es kann daher nicht verwundern, dass die IV seit ihrer Einführung von schwerwiegenden Fehlanreizen gekennzeichnet war. Allein in den letzten 30 Jahren stiegen ihre Ausgaben von 4,1 auf 9,3 Milliarden Franken pro Jahr. Bis zum Jahr 2010 wurde ein Schuldenberg von 15 Milliarden Franken angehäuft.

Bemerkenswert war schon die Bezeichnung der IV-Bezüger als «Kunden» durch die ehemalige sozialdemokratische Führung der Sozialversicherung: Auf ärztliche Empfehlung sollten möglichst viele «Kunden» durch eine Einkommensgrundlage ohne Arbeit bedient werden. Gerade im Einkommensbereich unter 30 000 Franken ist der Bezug einer IV-Rente häufig einträglicher als das Nachgehen einer Lohnarbeit, insbesondere für Haushalte mit Kindern. Eine kritische Debatte dieser Fehlentwicklung begann einmal mehr erst, als sich die Ausgaben verdoppelt hatten und das finanzielle Debakel nicht mehr verniedlicht werden konnte.

Die IV ist ein besonders drastisches Beispiel für die systemischen Fehlanreize kollektiver Umverteilungssysteme, sprich des Sozialstaats. Eine Sozialversicherung, die als einkommenssichernde Zahlstelle für Bittsteller funktioniert, wird durch ihre Anreize Beschwerden häufig erst erzeugen oder verlängern. Dies mag politisch unkorrekt klingen, ist aber eine ökonomische Tatsache. Die IV sollte in der öffentlichen Debatte – ähnlich wie die AHV – nicht als Versicherung betrachtet werden, sondern als eine überflüssige, ideologisierte Umverteilungsmaschine auf Kosten der arbeitenden Bevölkerung. Keine der bisherigen politischen Reformvorhaben und ganz sicher nicht die von 2011 bis 2017 eingeführte Mehrwertsteuer-Erhöhung zum Zweck der «IV-Sanierung» haben die grundsätzlichen Fehlanreize dieses Systems beseitigt.[5]

Fehlanreize des IV-Systems und problematische allgemeine Veränderungen in der Gesellschaft haben eine explosive Mischung geschaffen, die zum enormen Kostenanstieg und den damit verbundenen Finanzierungsproblemen der IV geführt haben. Unverständlich und erschreckend ist der hohe Anteil Jugendlicher (0–19 Jahre), die 26 Prozent der Leistungsbezüger ausmachen und 6,4 Prozent aller Jugendlichen umfasst. Im Zeitraum 2000 bis 2005 nahm allein die Gruppe «Psychische Erkrankungen» um jährlich acht (!) Prozent zu. In den nachfolgenden Jahren wuchs die Gruppe nur noch mit jährlich einem Prozent – ein deutlicher Hinweis, welchen Einfluss die willkürliche Beurteilungspraxis eines IV-Anspruchs auf die Kostenentwicklung und, mehr noch, auf das Leben der betroffenen Jugendlichen – Lebenssicherung und Glücksstreben aus eigener Kraft oder staatliche Abhängigkeit, womöglich lebenslänglich – hat. Zwischen den Kantonen und zwischen den Nationalitäten der Bezüger und Neurentner gibt es erhebliche Unterschiede.

Dies legt nahe, dass es ein erhebliches Einsparpotential bei der Beurteilungspraxis von Neurentnern gibt. Generell belastet ein zunehmendes Anspruchsdenken gegenüber staatlichen Einrichtungen wie der IV nicht nur die öffentlichen Finanzen, sondern auch die Autonomie der Bürger, die auf materieller Selbständigkeit und einer Kultur der Eigenleistung und des Verdiensts beruht. Auch erscheint klar, dass bei einseitiger ungerechtfertigter Belastung der Sozialsysteme der

Zusammenhalt der Gesellschaft und die innere Bereitschaft, dem Nächsten in Not beizustehen, unterminiert werden und dadurch die Zivilgesellschaft geschwächt wird.

Die notwendige finanzielle Unterstützung für die kleine Minderheit von tatsächlich behinderten bzw. langfristig teilweise oder ganz arbeitsunfähigen Menschen, deren Anzahl auf lediglich ein Drittel der gegenwärtigen Rentenbezüger geschätzt wird,[6] könnte vielmehr dezentralisiert und gezielt zum Vorteil der betroffenen Menschen organisiert werden, wie sie es lange Zeit war. Derartige Fälle können genau genommen nicht versichert werden, sondern sollten durch eine vielschichtige zivilgesellschaftliche Kombination aus Vorsorge, tatsächlicher individueller Versicherung, familiärer Fürsorge und Behandlung durch spezialisierte gemeinnützige und kommerzielle Organisationen sachgerecht bedient werden. Kollektive Umverteilung ist in einem so herausfordernden Feld zum Scheitern verurteilt.

Die Krankenversicherung: gesetzlich induzierter Überkonsum

Die Einführung des heutigen Krankenversicherungsgesetzes (KVG) 1996 war ebenfalls ein wesentlicher gesellschaftspolitischer Rückschritt. Obwohl auch viele Bürgerliche das Gesetz unterstützten und sich Kostensenkungen davon versprachen, waren die Mahnungen im Vorfeld der Abstimmung 1994 deutlich vernehmbar, dass das Gesundheitswesen mit einem kollektivistischen KVG teurer, bürokratischer und ineffizienter werden würde. Die Verabschiedung des Gesetzes geht nicht zuletzt auf die sozialdemokratisch geprägte Konstellation des Schweizer Politpersonals in den 1990er Jahren zurück. Von der Bevölkerung wurde die neue Regelung erneut nur mit wenig Begeisterung gutgeheissen: lediglich 51,8 Prozent der Bürger stimmten der schlechten Vorlage zu – trotz glühender politischer Versprechungen.

Dem KVG war ebenfalls eine lange Reihe von Niederlagen in Volksabstimmungen vorausgegangen. Der Widerstand in der Bevölkerung war mit gut funktionierenden, auf freiwillig organisierte (berufsgruppenspezifische, regionale und konfessionelle) Solidarität gebauten Krankenkassen zurückzuführen, die ihrerseits erfolgreich ihre Unabhängigkeit verteidigten. So hatten die Bürger 1890 ein nach deutschem Vorbild entworfenes Kranken- und Unfallversicherungsgesetz in einer Referendumsabstimmung mit 70 Prozent der Stimmen verworfen. Eine überarbeitete Gesetzesvorlage, die im Wesentlichen Bundessubventionen einführte und annähernd ein Jahrhundert lang Gültigkeit haben sollte, wurde 1912 mit 54 Prozent Ja-Stimmen angenommen. Verschiedene Versuche einer weiteren Vereinheitlichung und Verstaatlichung scheiterten in den frühen 1920er Jahren, den späten 1940er Jahren und den frühen 1950er Jahren. Eine 1974 zur Abstimmung gelangte Volksinitiative der Sozialdemokratischen Partei und der bundesrätliche Gegenvorschlag scheiterten erneut am Widerstand der Bevölkerung (70% bzw. 61% Nein-Stimmen) sowie der Kantone (sämtliche Stände stimmten dagegen). Eine weitere Gesetzesvorlage scheiterte 1987 am Referendum (71% Nein-Stimmen). Fünf Jahre später scheiterte eine Volksinitiative der Sozialdemokratischen Partei und der Gewerkschaften mit 61 Prozent Nein-Stimmen.

Nach dieser Brandung erfolgloser Anläufe kam es 1994 zum Ermüdungsbruch unter einem sozialdemokratisierten Bundesrat mit dem heute gültigen Krankenversicherungsgesetz. Sehr gelegen kam eine am selben Wochenende zur Abstimmung gekommene extreme Volksinitiative der SP, die eine staatliche Kranken- und Unfallversicherung forderte. Sie wurde von 77 Prozent der Bevölkerung und sämtlichen Kantonen abgelehnt. Begünstigend wirkte ferner eine nach dem Fall der Berliner Mauer 1989 eingesetzte Prinzipienschwäche des bürgerlichen Milieus. Hinzu kam ein ernsthafter Mangel in der geltenden Versicherungspraxis, nämlich eine hohe rechtliche Hürde zum Anbieterwechsel der Krankenversicherung – die Prämie stieg mit dem Eintrittsalter, was einen Wechsel in späteren Lebensjahren praktisch verunmöglichte – sowie die Aussicht auf gleiche Prämien für Mann und Frau –

Frauen verzeichnen höhere Gesundheitskosten – und, nicht zuletzt, höhere Subventionen des Bundes.

Das mit dem neuen KVG eingeführte Versicherungszwang kann nur als irrwitzig anachronistisch bezeichnet werden, da zum Zeitpunkt der Verabschiedung bereits 97 Prozent der Schweizer freiwillig versichert waren. Anstelle von Zwang war jedoch bis anhin mit Anreizen gearbeitet worden: So waren Krankenversicherungsprämien steuerlich abzugsfähig. Das alte Gesetz von 1911 wies zwar Nachteile auf, es hatte aber auf die blindwütige Kollektivierung der Gesundheitsausgaben unter Vernachlässigung von Risikoprofilen weitgehend verzichtet. Tatsächlich wurde mit dem KVG ein breitflächiges System vorausbezahlter Leistungen eingeführt, das erneut die Bezeichnung «Versicherung» nicht verdient. Schon die gesetzlich beschränkten niedrigen Franchisen und Selbstbehalte im Namen der «Solidarität» weisen darauf hin, dass nicht Eigenverantwortung und Vorsorge das KVG prägen, sondern eine egalitaristische, sozialistische Ideologie. So wurde das KVG knapp 50 Jahre nach Einführung der AHV und 35 Jahre nach Einführung der IV zu einer weiteren schwerwiegenden Herausforderung für die Zivilgesellschaft.

Seit 1996 haben sich die Ausgaben in der obligatorischen Krankenversicherung von 11 auf über 24 Milliarden Franken pro Jahr mehr als verdoppelt. Die Gesundheitsausgaben sind rund dreimal schneller gewachsen als die realen Einkommen. Gleichzeitig wurde ein immer grösserer Teil der Bevölkerung durch Prämienverbilligung in die staatliche Abhängigkeit geführt. Seit 1996 hat sich die Anzahl der Prämienverbilligungs-Bezüger von 23 Prozent auf 30 Prozent der Bevölkerung erhöht, während sich die durchschnittliche Subvention pro Haushalt beinahe verdoppelt hat. Heute beziehen insgesamt 2,3 Millionen Menschen eine Subvention auf ihre Krankenkassenprämie. Das KVG hat damit die Nutzung des Gesundheitswesens von seiner Finanzierung entkoppelt und die finanzielle Verantwortungslosigkeit systematisiert.

Oft werden die demographische Entwicklung mit einer spürbaren Zunahme der Anzahl älterer Menschen und der technische Fortschritt als Kostentreiber des Gesundheitswesens ins Spiel gebracht. Gründliche Analysen zeigen aber, dass diese Faktoren nur in Verbindung mit systemischen Fehlanreizen zu «Problemen» werden; für sich wären sie dagegen verkraft- und finanzierbar.[7] Da der grösste Teil (rund 60 Prozent) der Dienstleistungen im Gesundheitswesen durch Dritte – seien es Sozialversicherungen oder staatliche Subventionen – beglichen wird, hat das KVG das Gesundheitswesen in einen finanziellen Teufelskreis manövriert.

Dies führt zu doppeltem – angebots- und nachfrageinduziertem – Überkonsum. Das heutige System erzeugt etwa eine relative Verteuerung der Prävention im Vergleich zur Behandlung, da die Kosten der Prävention zu 100 Prozent privat getragen werden müssen. Die Behandlung hingegen lassen sich die Versicherten gerne etwas kosten, da sie ihre hohen Prämien sozusagen rentabel machen möchten. So ist das Beste und Teuerste gerade gut genug. Da die unmittelbaren finanziellen Auswirkungen auf die Patienten begrenzt sind, entsteht auch angebotsseitig ein Anreiz zum Überkonsum. Nachdem in vielen Bereichen der disziplinierende Druck des Wettbewerbs ausgeschaltet wurde, haben heute auch Behandlungsmethoden eine Chance, die ein miserables Kosten-Nutzen-Verhältnis aufweisen. So treibt ebenfalls die «Kolchosenwirtschaft» der einem ineffizienten und willkürlichen Kalkül folgenden Spitalpolitiken der Kantone die Kosten im Gesundheitswesen erheblich in die Höhe.

Der eskalierenden Kostensteigerung im Gesundheitswesen begegnet die Politik mit zunehmend interventionistischen «Kostensenkungsmassnahmen», die zu einer Bürokratisierung und Gängelung der Leistungserbringer und Schritt für Schritt zu einer impliziten Rationierung der Leistungen führen. Mit anderen Worten: Die Politik versucht verzweifelt und mit unbrauchbaren Methoden jene Schäden zu beheben, die sie durch falsche institutionelle Anreize selbst geschaffen hat.

Die politische Fehleinschätzung der KVG-Befürworter entpuppt sich als verheerend. Die Sozialdemokraten reagieren derweil auf die nicht enden wollenden Finanzierungskrisen im Gesundheitssystem mit der Forderung nach einer noch weitergehenden Verstaatlichung des Angebots – ein Zeichen erschreckender Realitätsverweigerung.

Eine Gefahr für die Zukunft

Eine Umverteilung, wie sie sich die Schweiz heute leistet, ist nur möglich, weil das Land in der Vergangenheit einen erheblichen Kapitalstock erarbeiten und damit einen hohen Wohlstand erzielen konnte. Für das künftige Wirtschaftswachstum und die Wettbewerbsfähigkeit des Landes stellt die Sozialpolitik jedoch eine enorme Herausforderung dar. Dass die Finanzierungslage in vielen anderen europäischen Ländern noch angespannter ist, ist ein schwacher Trost. Das Bundesamt für Sozialversicherungen rechnet im ungünstigsten Fall mit einem Anstieg der Sozialausgabenquote von 8 Prozentpunkten (!) des Bruttoinlandprodukts bis 2030, wenn keine Anpassungen an die demographische Realität vorgenommen werden. Das Risiko eines wahltaktisch motivierten weiteren Ausbaus des Sozialstaats bleibt bestehen – vor allem im von allen politischen Lagern neu entdeckten Feld der Familienpolitik, von der die Schweiz bis zur überflüssigen Verstaatlichung des Mutterschaftsurlaubs mindestens auf Bundesebene weitgehend verschont geblieben war.[8]

Sicher ist, dass der zusätzliche Finanzierungsbedarf der bestehenden Sozialsysteme ohne wirksame Gesetzesanpassungen das Wachstumspotenzial der Wirtschaft und die Autonomie der Zivilgesellschaft in Zukunft weiter aushöhlen würde. Obwohl die Schweiz relativ spät – und meist gegen den langanhaltenden Widerstand der Bürger – den im Westen verbreiteten Weg in den Sozialstaat gefunden hat, ist auch sie heute ein Fallbeispiel für die Untauglichkeit kollektiver Umverteilungssysteme zum Zweck der Vorsorge gegen Risiken und Lebensereignisse wie Alter oder Krankheit geworden.

Noten

1. Quelle: Bundesamt für Statistik (2016), Referenzjahr 2015.
2. Gautschi, W. (1988), Der Landesstreik 1918, 3. Auflage, Zürich: Chronos, S. 155.
3. Landes, D. S. (1998), The Wealth and Poverty of Nations: Why Some Are So Rich and Some So Poor, New York: Norton, S. 232.
4. Zitiert in Häusler, E. und Meili, C. (2008), Die Entstehung des Schweizer Wohlfahrtsstaates: Entwicklung und Erklärungsansätze (1890-1947), Zürich: Universität Zürich, S. 32.
5. Quelle: Bundesamt für Sozialversicherungen, 2015, «IV-Statistik 2014».
6. Basierend auf der Invaliditätsursache nach der Statistik des Bundesamts für Sozialversicherungen, Referenzjahr 2014.
7. S. dazu Steinmann, L. und Telser, H. (2005), Gesundheitskosten in der alternden Gesellschaft, Zürich: Avenir Suisse und Verlag Neue Zürcher Zeitung.
8. S. dazu Bessard, P. (2008), Wie die Familienpolitik den Familien schaden kann, LI-Paper, Zürich: Liberales Institut.

II.
WIRKUNG

Siamesische Zwillinge: Wohlfahrtsstaat und Wirtschaftskrisen

Michael von Prollius

Der Wohlfahrtsstaat dient der Wohlfahrt des Staates. Entgegen der verbreiteten Annahme, der Wohlfahrtsstaat werde seinem wohlklingenden Namen gerecht werden und dem Gemeinwohl dienen, sollte man den Begriff wörtlich nehmen: Wohlfahrt für den Staat, nicht Wohlfahrt für alle durch den Staat. Dass der absolute Staat nicht in der Lage ist, Wohlfahrt zu generieren, wurde mit dem Bankrott des Staatssozialismus eindrucksvoll bewiesen. Zugleich weist sein enger Verwandter, eben der Wohlfahrtsstaat, ähnliche Defizite auf. Zu den Symptomen gehören Massenarbeitslosigkeit, eine horrende, durch die aktuelle «Krisenbekämpfung» noch einmal zusätzlich erhöhte Verschuldung sowie wiederkehrende Finanz- und Wirtschaftskrisen.

Damit sind drei grosse Krisenfelder benannt, die unauflösbar mit den Funktionsmechanismen des Wohlfahrtsstaates verknüpft sind:

1. Sozialer Unfrieden – als Folge systematischer ordnungspolitischer Verfehlungen.

2. Verschuldungskrisen – als wesenseigenes Merkmal etatistisch-egalitärer Politik.

3. Wiederkehrende Wirtschafts- und Finanzkrisen – als Folge der Struktur-, Sozial- und Geldpolitik.

Entgegen den Behauptungen seiner Befürworter ruft der Sozialstaat also soziale Spannungen und Krisen hervor. Sie resultieren aus den drei zuvor genannten politischen Fehlsteuerungen. Die Wiederherstellung der Wohlfahrt und eine Rückführung des Staates auf ein angemessenes Mass ist darum eine Jahrhundertaufgabe.

Erstes Krisenfeld: Sozialer Unfrieden als Folge ordnungspolitischer Verfehlungen

Der Wohlfahrtsstaat ist eine gigantische Maschine von Sozialingenieuren, die dazu dient, das Verhalten von Menschen und die Ergebnisse ihres Handelns zu ändern. In ordnungstheoretischer Hinsicht zeichnet sich der Wohlfahrtsstaat durch folgende Merkmale aus:

- Egalitäre Gerechtigkeit, also die planmässige Verminderung ungleicher Lebensbedingungen, insbesondere bei Einkommen und Vermögen, zunehmend aber auch im Sinne einer Angleichung der Lebensweise.

- An die Stelle des Individuums treten Kollektive, die zugleich Gegenstand des Denkens und des politischen Handelns sind. Egalitäre Gerechtigkeit wird auf (willkürlich ausgewählte) Gruppen angewandt und durch die politische Instrumentalisierung kollektiver Aggregate angestrebt. Die Gesellschaft, die Wirtschaft, das Kapital, die Arbeit gelten als feste, gerecht zu verteilende Vermögen.

- Planung und Organisation haben Vorrang vor dem Spontanen und vor einer offenen Entwicklung. Die Handlungsfähigkeit steht im Mittelpunkt staatlichen Wirkens; sie wird von den Begünstigten zum eigenen Vorteil eingefordert. Wahlfreiheit wird reguliert, Wettbewerb soll kontrolliert und die soziale Umwelt zentral und von oben nach unten gestaltet werden.

- Soziale Sicherungssysteme werden verstaatlicht, freiwillige Nächsten- und Armenhilfe wird durch verordnete Solidarität verdrängt. Durch vermeintlich kostenlose Dienstleistungen des Staates werden der Rechnungszusammenhang aufgelöst und die private Sphäre ökonomisiert. Es entsteht eine wurzellose Gesellschaft von Schnäppchenjägern.

Die Umsetzung der Ideologie des Egalitarismus erfordert umfassende Eingriffe in das Leben der Menschen. Der Sozialismus ist bekanntlich gekennzeichnet durch die Verstaatlichung der Produktionsmittel und beinhaltet eine zum Totalitären neigende Planung, Lenkung und Kontrolle wirtschaftlicher, politischer, kultureller und sozialer Abläufe. Der Wohlfahrtsstaat kommt in einem vergleichsweise liberaleren Gewand daher. Je nach Reifegrad wird allerdings die kalte Enteignung eines Teilvermögens der Menschen vollzogen, das von den Angehörigen des Staatsapparates verbraucht und an Profiteure und Begünstigte weitergereicht wird. Nicht das Eigentum selbst, sondern die Verfügungsrechte über das Eigentum stehen im Mittelpunkt der wohlfahrtsstaatlichen Aktivitäten.

Ausufernder Interventionismus

Die obrigkeitliche Manipulation der Verfügungsrechte dient einerseits der Umverteilung, andererseits der Manipulation des menschlichen Verhaltens. In Deutschland etwa erstreckt sich die Regulierung des Lebens von der Säuglingsnahrung bis zur Friedhofssatzung. Längst ist das Bankgeheimnis gefallen, umfassende Reisedaten werden an andere Staaten weitergegeben. Deutschland befindet sich im Paragraphenrausch: Ein Durchschnittsbürger muss heute über 80 000 Bestimmungen beachten. Während die Verfechter des Wohlfahrtsstaates sich damit brüsten, Rechte für jedermann geschaffen zu haben, handelt es sich doch um nichts anderes als Ansprüche, die aus dem Nichts entstanden sind und für deren Realisierung zwangsläufig anderen Menschen Eigentum weggenommen werden muss.

Die nahezu unbegrenzte Zuständigkeit der Staatsbürokratie hat natürlich einen Preis. Die Regulierung, Lenkung und Steuerung des Lebens entsprechen nicht den menschlichen Bedürfnissen und führen zu Krisen: Bildungsmisere und Mangel an qualifizierten Arbeitnehmern, Rationierung von Gesundheitsleistungen und Ärzteknappheit, Agrarprotektionismus und verpuffte Entwicklungshilfe, die grösste Umverteilung aller Zeiten und Klagen über verbreitete Armut – die Aufzählung liesse sich leicht fortsetzen. Das liegt einerseits an den widersprüchlichen und per se unzulänglichen Versuchen einer politischen und zunehmend zentralen Steuerung, womit die Ursachen des zwangsläufigen Versagens sozialistischer Experimente in den Vordergrund rücken, allen voran die Anmassung von Wissen, die Herrschaft der Bürokratie über den Markt und der Verzicht auf rationale Kalkulation mangels Preisen, andererseits eine perverse Sozialphilosophie.[1]

Soziale Gerechtigkeit?

Adepten des Wohlfahrtsstaates behaupten, ihre gut gemeinten Eingriffe in Wirtschaft und Gesellschaft dienten dem «sozialen Frieden» und der «sozialen Gerechtigkeit». Selbstverständlich gehört der Begriff «sozialer Frieden» zur Kategorie der Wieselwörter. Frieden ist per se sozial: Dort, wo Frieden herrscht, profitieren alle Menschen davon. Ein Friede, der nicht sozial – also zwischenmenschlich – ist, existiert nicht. Gemeint ist vermutlich das Gegenteil sozialpolitisch begründeter Unruhe. Soziale Aktivisten propagieren beispielsweise Lohnerhöhungen als probates Friedensmittel und ziehen gegen Einkommens- und Vermögensunterschiede zu Felde. Stets geht es ihnen um die Regulierung eines angeblich ungezähmten Kapitalismus.

Wie soll eine derartige Friedenssicherung funktionieren? Offenbar soll die Umverteilung von Besitzenden zu weniger Besitzenden den «Reichen» ein ruhiges Gewissen verschaffen. Bei gleichen Lebensverhältnissen für alle soll niemand einen Grund für sozialen Aufruhr haben. Mehr kann es nicht sein, denn eine andere Friedensdividende gibt es nicht: Effizienter arbeitet allein wegen einer Gehaltserhöhung niemand, weder ein Arbeiter noch ein Manager. Zugleich lehrt die Geschichte, dass Beschwichtigung nur aus einer Position der Stärke heraus möglich ist. Transfers bestärken lediglich bereits Beschwichtigte. Wer sich in die Enge treiben lässt, wird mit immer höheren Forderungen konfrontiert. Schliesslich widerspricht alles, was wir über die Natur des Menschen wissen, der Vorstellung, dass eine Veränderung der Lohnhöhe für zwischenmenschlichen Ausgleich sorgen kann. Ein erfülltes

Leben mag von vielem abhängen, aber sicher nicht von relativen Vermögensverhältnissen.

Wohin der egalitäre Etatismus mit seiner zwangsläufig immer weiter ausgreifenden Regulierung führt, hat bereits 1891 Eugen Richter in seinen sozialdemokratischen Zukunftsbildern eindrucksvoll aufgezeigt: ins geistige, soziale und materielle Elend.

Wenn staatlich privilegierte Gruppen wie Gewerkschaften, nicht zuletzt in empfindlichen Bereichen wie dem öffentlichen Nahverkehr sowie bei der Bahn und auf Flughäfen, mit Streiks die Arbeitgeber zum Einlenken und die Bevölkerung zur mittelbaren Unterstützung zwingen wollen, weil nur so die Normalität wiederhergestellt werden kann, dann wird die Beendigung eines geschürten sozialen Unfriedens plötzlich in ein Friedensmittel umgedeutet. Das moralische Fundament des Wohlfahrtsstaates besteht darin, einer Gruppe das Recht zuzugestehen, unter Gewaltandrohung die Herausgabe von Geld zu erzwingen, das ihr nach eigener Überzeugung zustehen soll. Ähnlich verhält es sich mit den im Tarifrecht privilegierten Arbeitgeberkartellen, die als grosse geschützte Gruppe eine weitere Säule des überkommenen Kumpel-Kapitalismus bildet.

Umverteilungskampf statt sozialer Gleichheit

Bekanntlich ist «soziale Gerechtigkeit» weder ein Zustand noch ein Ziel, sondern ein Appell an unsere Instinkte, die von der Kleingruppe, insbesondere der Familie geprägt sind. Soziale Gerechtigkeit bedeutet soziale *Gleichheit*. Da Menschen aber völlig unterschiedlich sind in ihren Anlagen und Fähigkeiten, in ihrer Abstammung, in ihren Zielen und Lebensstilen, ist die Forderung, sie allesamt gleich zu behandeln, widernatürlich. Abgesehen davon sind die Institutionen der Kleingruppe nicht zur Lenkung einer Gesellschaft geeignet. Wenn «die Reichen» wieder einmal stärker besteuert werden sollen, dann schüren Politiker und Sonderinteressenvertreter

Neid und wollen Zwang ausüben. Politiker und Bürokraten sollen darüber entscheiden, wer wie viel Geld erhält; die Leistung des Einzelnen, die Nachfrage nach einem attraktiven Angebot oder Mäzenatentum und Nächstenliebe sollen demgegenüber keine Rolle spielen. Zugleich verschlingt die Umverteilungsbürokratie selbst einen beträchtlichen Teil des umverteilten Geldes.

Soziale Gerechtigkeit ist folglich ein Euphemismus für den Umverteilungskampf zum Zwecke der Gleichmacherei, bei der viele ihre Hände in den Taschen weniger haben. Wer von der Umverteilung profitiert, ist zumeist eine machtpolitische Frage. Diejenigen, die aus der Umverteilung profitieren sollten, stehen hinterher allerdings regelmässig schlechter da als ohne wohlfahrtsstaatlichen Eingriff. Dies gilt auf besonders tragische Weise für Arbeitslose. Es entsteht eine Klasse sozial entehrter Menschen, die an die Wohlfahrtsstaatbürokratie gekettet sind. Und diejenigen, die sich dem Zwangssystem entziehen wollen, gelten inzwischen, wenn sie vermögend sind, nicht mehr nur als Steuersünder, sondern als «Republikflüchtige» (so die deutsche grüne Politikerin Renate Künast). Ist die implizite Nähe zwischen Wohlfahrtsstaat und DDR lediglich ein sprachlicher Lapsus? Besser verstehen lassen sich derartige abartige Tendenzen, wenn sie in die längere Entwicklung des Staates eingeordnet werden, der Mitte des 19. Jahrhunderts zum Inbegriff der Herrschaft wurde, die nicht mehr durch das Recht gebunden ist.[2]

Die Vermutung liegt nahe, dass der letzte Zweck überzeugter Wohlfahrts-Etatisten nicht die Gleichheit ist, sondern die Vorherrschaft der eigenen Horde. Dies gilt für alle organisierten Interessen, von Parteien über Verbände bis zu Nichtregierungsorganisationen. Schliesslich wird Macht in den Händen derjenigen konzentriert, die Teile des gewaltigen Systems von Umverteilungsströmen zum eigenen Vorteil lenken. So erklärt sich auch die ausgeprägte Wettbewerbsaversion der Führungskader, die durch «Harmonisierungen» etwa von Steuern, Angleichung von «Sozialstandards» und Kampagnen gegen «Dumpinglöhne» sowie Feldzüge gegen Steueroasen eine gravierende Verringerung, aber auch eine bessere Kosten-Nutzen-Relation der Staatstätigkeit zu vermeiden suchen. Wohlfahrtsstaat bedeutet: Wohlfahrtsmonopol für den Staat. Der Wohlfahrtsstaat ist somit von seiner Natur her ein Versorgungsstaat, der nichts mit Wohlfahrt zu tun hat, sondern das Gegenteil davon bewirkt. Genauso verhält es sich mit dem sozialen Frieden. Wilhelm Röpke nannte das Kind beim Namen: «Der Zwang ist im Wohlfahrtsstaat sogar so wesentlich, dass man ihn Zwangswohlfahrtsstaat nennen sollte». Die permanente Forderung nach dem Primat der Politik, den die Jakobiner zuerst verkündeten, erscheint so in einem neuen Licht.

Die «perverse Sozialphilosophie» (Wilhelm Röpke) des Wohlfahrtsstaates mündet in der Ausbeutung der Bürger durch die Funktionäre. Inzwischen hat es der Wohlfahrtsstaat sogar geschafft, medial wirksam Nationen gegeneinander aufzubringen, zuletzt Griechen gegen Deutsche. Politik schürt und instrumentalisiert vielfach bedenkenlos gesellschaftliche Spaltungen. Gruppen werden gegeneinander ausgespielt, besonders gern die Gruppe der Wohlhabenderen gegen diejenigen, die weniger besitzen. Es liegt in der Logik des Wohlfahrtsstaates, dass Gruppen stigmatisiert werden, darunter gerade vermeintlich Schutzbefohlene wie Sozialhilfe- und Arbeitslosengeldempfänger sowie Migranten.

Zweites Krisenfeld: Verschuldungskrisen als Wesensmerkmal etatistischer, egalitärer Politik

Die Staatsverschuldung kostet in Deutschland den Sommerurlaub! Denn jeder deutsche Arbeitnehmer zahlt jährlich allein 1600 Euro Steuern nur für die Zinsen der bereits aufgelaufenen Staatsschuld. Mit dieser Erkenntnis konnte in Deutschland die Initiative «Neue Soziale Marktwirtschaft», die für ihre aussagekräftigen Kampagnen bekannt ist, aufwarten.

Die überbordende Staatsverschuldung ist ein systemimmanentes Merkmal des Wohlfahrtsstaates. Die Geschichte der Bundesrepublik Deutschland ist eine Geschichte des unaufhörlichen Auf- und Ausbaus wohlfahrtstaatlicher Verhältnisse, von der sozialen bis zur gegenwärtig sozialistischen Marktwirtschaft.[3] Sie ist die Geschichte der kontinuierlichen Ausweitung der Staatsschulden von 20 Prozent des Bruttoinlandsprodukts in den 1960er Jahren auf heute über 70 Prozent. Die Lage in den übrigen westeuropäischen Wohlfahrtsstaaten ist ähnlich: Frankreich 96 Prozent, Grossbritannien 88 Prozent, Italien sogar 133 Prozent (Zahlen für 2015).[4] Die Verhältnisse in den USA sind übrigens nicht besser. Die Entwicklung des amerikanischen *welfare state* hat zu einer Verschuldung von über 19 000 Milliarden Dollar Anfang 2016 geführt. Im Jahr 2012 überschritt diese die Marke des jährlichen BIP.

Ungedeckte Leistungsversprechen

Wir sprechen hier lediglich von der offen ausgewiesenen Staatsschuld. Die implizite Staatsverschuldung beträgt stets ein Vielfaches davon – zusammen genommen waren das im besonders drastischen Fall Griechenlands zeitweise über 700 Prozent, in 2015 sind es nach zahlreichen Finanzhilfen und Schuldenschnitten noch knapp 400 Prozent. Grund ist auch hier der völlig überdimensionierte und demographisch nicht tragfähige Wohlfahrtsstaat. Für die mit einem Füllhorn ausgeschütteten Leistungsversprechen gibt es keine Rücklagen – anders als bei privaten Haushalten und Unternehmen. Zwangsläufig wird angesichts schrumpfender Zahlen qualifizierter Erwerbstätiger eine Verringerung der getätigten Zusagen genauso auf die Tagesordnung treten müssen, wie es zu politischen Verteilungskämpfen kommen wird. In Deutschland beträgt die sogenannte Nachhaltigkeitslücke, wie die Gesamtverschuldung aus expliziten und impliziten Staatsschulden genannt wird, den Angaben der Stiftung Marktwirtschaft zufolge knapp 6200 Milliarden Euro oder 212 Prozent des BIP.[5] Ganz Europa hat ein massives Schuldenproblem –

beinahe die Hälfte aller EU-Staaten hat eine Nachhaltigkeitslücke von über 300 Prozent aufgetürmt; lediglich in Italien, Estland und Lettland liegt die Gesamtverschuldung unter der Wirtschaftsleistung eines Jahres; in der Schweiz wird die Nachhaltigkeitslücke auf 166 Prozent des BIP beziffert.[6]

Der Historiker Gérard Bökenkamp urteilte zurecht, dass «wohl realistischerweise kein Einnahmen- und Ausgabenniveau vorstellbar [ist], auf dem die Politik auf eine weitere Steigerung der Ausgaben verzichten würde».[7] Zugleich bewahrheite sich Schumpeters berühmter Satz, eher werde sich ein Dackel einen Wurstvorrat anlegen, als dass die Regierung im Aufschwung Reserven schafft.

Unstillbarer Geldhunger führt zu Schuldenkrisen

Die Umverteilung ist für die Masse der Politiker die einfachste Möglichkeit, zu gestalten, sich zu profilieren und Stimmen zu fangen. Daher haben Regierungen selten ein Einnahmen-, aber regelmässig ein Ausgabenproblem. Und an erster Stelle der Ausgaben steht, nachdem die Finanzierung von Kriegen zumeist in den Hintergrund getreten ist, der Sozialbereich. In Deutschland nähern sich Sozialausgaben und Zinszahlungen mit knapp 60 Prozent bereits der Zwei-Drittel-Marke des Staatshaushalts. Glaubt irgendjemand ernsthaft, dass dies beim gegenwärtigen Wohlstandsniveau wirklich notwendig ist? Demgegenüber betragen die ritualartig verkündeten Bildungs- und Innovationsvorhaben nur rund 4 Prozent. Ein ähnliches Ungleichgewicht besteht zwischen den Sozialausgaben und denen für hoheitliche Aufgaben wie Militär und Polizei.

Als der Staatsanteil noch unter 10 Prozent des Volkseinkommens betrug, also vor 1900 (die durchschnittliche Staatsquote in elf inskünftigen OECD-Staaten lag bei 13 Prozent), blühten private, soziale und karikative Einrichtungen. Seitdem wurde die Zuständigkeit des Staates kontinuierlich ausgedehnt. 1960 lag die Staatsquote in Deutschland bereits bei über 30 Prozent, 1990 bei über 43 Prozent. Wer kümmert sich besser und erfolgreicher um Bedürftige – eine Behörde oder die private Initiative?

Auch diese Entwicklung bleibt nicht folgenlos. Die Ökonomen Carmen Reinhart und Kenneth Rogoff[8] weisen darauf hin, dass Schuldenkrisen wahrscheinlicher werden, wenn die Verschuldung mehr als 35 Prozent des BIP beträgt und institutionelle Schwächen bestehen. Und natürlich sind Staatsbankrotte in der Geschichte keine Seltenheit. Die argentinische Regierung erklärte Ende 2001 ihre Zahlungsunfähigkeit und stellte ab Januar 2002 ihre Zins- und Tilgungszahlungen auf ausstehenden Verbindlichkeiten ein. Die politische Misswirtschaft hatte dazu geführt, dass die laufenden Staatseinnahmen nicht einmal mehr zur Erfüllung staatlicher Grundfunktionen ausreichten, geschweige denn dazu, die Staatsschuld zurückzuzahlen. Richtigerweise war niemand mehr bereit, der argentinischen Regierung Geld zu leihen. Zudem mindert die Staatsverschuldung das Wirtschaftswachstum. Das gilt für entwickelte Länder insbesondere bei Verschuldungsquoten von über 90 Prozent des BIP, was zu einem Wachstumsverlust von durchschnittlich mehr als 1 Prozent führt. Bei Entwicklungsländern liegt die Schwelle niedriger, bei unter 60 Prozent mit Wachstumsverlusten von 2 Prozent. Der Ökonom Horst Siebert hat Deutschland aufgrund einer verstetigten niedrigen Wachstumsrate als NZL, als «Neu Zurückfallendes Land» bezeichnet, weil notwendige institutionelle Reformen nicht gelingen, ähnlich wie Argentinien.[9]

Das Abrutschen in der Schuldenspirale

Bei hoher Staatsverschuldung besteht für Regierungen stets ein starker Anreiz, die Zentralbanken zu einer Niedrigzinspolitik zu drängen. Genau dies ist heute der Fall, mit Negativzinsen und direkter Staatsfinanzierung sogar in einem Ausmass, das lange kaum vorstellbar war. Zugleich sind oder fühlen sich die Zentralbanken zu einer das Wachstum fördernden Geldpolitik verpflichtet. Das bedeutet herkömmlicherweise niedrige Zinsen und eine hohe Geldmenge. Damit sind zwei wichtige Voraussetzungen für wiederkehrende, monetär bedingte Wirtschafts- und Finanzkrisen geschaffen. Bankenkrisen treiben wiederum die Staatsschulden in die Höhe – historisch betrachtet sorgen sie für eine Verdopplung. Und verschuldete Staaten entkommen nur selten einer Krise.

Wenn Investoren Zweifel an der Zahlungsfähigkeit eines Staates bekommen, verkaufen sie Staatsanleihen, was zu steigenden Zinsen führt. Der Fall Griechenlands, aber auch anderer Staaten des «Club Med» wie Zypern und Portugal, sind typische Beispiele für diese Entwicklung. Offenkundig sind es nicht böswillige Spekulanten, die das ökonomische Scheitern der griechischen Regierung verursacht haben. Vielmehr haben sich die griechische Regierung und ihre Wähler selbst in die Bredouille gebracht. Jahrelang haben sie von der Umverteilungsmaschinerie auf Pump profitiert, als Mitglied der Euro-Zone zudem von niedrigen Zinsen, die es in Griechenland sonst niemals gegeben hätte.

Die Gläubiger versuchen den Bankrott abzuwenden, denn sie wollen ihr Geld zurück. Statt fällige Kredite zurückzuzahlen, nehmen Regierungen in der Regel neue Kredite auf. Das Verschuldungsspiel beginnt; es weist Ähnlichkeiten mit einem Schneeballsystem auf. Die Lücke zwischen Einnahmen und Ausgaben wächst, die Zinslasten steigen. Die Kreditgeber setzen darauf, dass neue Investoren Kredite vergeben, denn sie wissen, dass fällige Kredite von Regierungen nur selten zurückbezahlt werden.

Sobald sich kein Kreditgeber für die Regierung mehr findet, bleibt nur noch die Einstellung der Tilgungs- und Zinszahlungen, die Finanzierung des Kreditbedarfs mit neu gedrucktem Geld oder der Staatsbankrott. Für die Griechen springen die europäischen Steuerzahler ein, allen voran die deutschen mit derzeit bis zu 170 Milliarden Euro, davon 22,4 Milliarden aus einer Einzelverpflichtung und rund 148 Milliarden als Garantien im Rahmen des europäischen Transfertopfes. Es ist wenig wahrscheinlich, dass die Griechen aus eigener

Kraft aus der Finanzmisere herauswachsen können. Werden die Garantien fällig, so steigen die Kreditmarktschulden deutlich an. Hinzu kommen die Belastungen aus den Garantien für einheimische Banken.

Die Folge dieser Wohlfahrtsstaatmechanik: Eine im Euro-Raum unbedeutende Volkswirtschaft wie Griechenland kann eine gefährliche Kettenreaktion auslösen. Die jahrzehntelange chronische Staatsverschuldung der Masse europäischer Staaten hat zwischenzeitlich auf den Kapitalmärkten Zweifel an der Rückzahlungsfähigkeit von Regierungsschulden geweckt. Im Verlauf des Jahres 2009 galt dies für Österreich, Griechenland, Irland, Spanien und Portugal, selbst Grossbritannien und Frankreich wurden kritisch gesehen. Das hat zum unnötigen Sanierungsverfahren «Grand Luxe»[10] von Griechenland geführt und zu einer Änderung der Wirtschaftsverfassung Europas. Um einen Zahlungsausfall bei griechischen Staatsanleihen abzuwenden, war den Regierenden Europas jedes Mittel recht, Rechtsbruch eingeschlossen.[11] Zugleich warf die EZB eine ihrer wichtigsten Prinzipien über Bord, als sie am 3. Mai 2010 verkündete, künftig (griechische) Staatsschuldpapiere mit Ramschstatus als Sicherheit für die Gewährung von Zentralbankkrediten zu akzeptieren.

Möglich ist eine solche Manipulation nur, weil sich der Staat ein Geldangebotsmonopol angeeignet hat. In einem freien Geldsystem wäre dies unmöglich. Die monetäre Zentralplanwirtschaft vervollständigt die ordnungspolitische Verwahrlosung durch eine Geldkrise.

Drittes Krisenfeld: Wiederkehrende Wirtschafts- und Finanzkrisen

Der Wohlfahrtsstaat kennt im Wesentlichen nur eine Richtung: Ausdehnung.[12] Die Übernahme von immer mehr Aufgaben führt vielfach zur Beschäftigung einer wachsenden Zahl von Staatsangestellten. Die Folge ist eine Art kumulativer Radikalisierung. Dies bedeutet, der Wohlfahrtsstaat übernimmt immer mehr Funktionen von der Gesellschaft, um diese zusammenzuhalten. Gleichzeitig steigt die Steuer- und Abgabenlast, während Ressourcen unproduktiv und verschwenderisch eingesetzt werden. Die Steuerzahler suchen sich der Belastung genauso zu entziehen wie die Arbeitnehmer und wandern ab – sei es physisch oder rechtlich, in die Illegalität – was ihre Kriminalisierung zur Folge hat. Ein derartiger Teufelskreis wird regelmässig erst dann gestoppt, wenn der Leidensdruck so hoch ist, dass sich Reformkräfte durchsetzen.

Die Regierung rechtfertigt ihre Eingriffe teils mit tatsächlichen, teils mit propagandistisch behaupteten Krisen. In jedem Fall bleibt die Interventionsspirale nicht folgenlos, sondern führt zu einer Änderung von Institutionen und Anreizstrukturen.[13] Der Wohlfahrtsstaat untergräbt Selbstverantwortung und Selbstfürsorge, schwächt Risikobereitschaft und -freude, richtet sich gegen Unabhängigkeit und Bindungen an gewachsene Institutionen, darunter die Familie. Die spontane Ordnung vieler weicht dem sozialingenieursmässigen Konstrukt weniger.

Das Wachstum des Wohlfahrtsstaates und wiederkehrende Wirtschafts- und Finanzkrisen sind siamesische Zwillinge. Besonders starke Verwerfungen entstehen, wenn sich anhaltende (branchenspezifische) Strukturkrisen, Verschuldung und destruktive Konjunktur- und Sozialpolitik miteinander verbinden. Das war auch in der «Grossen Rezession» 2007–2011 der Fall und ist das Kernproblem der EU/Euro-Krise, die beide nicht zuletzt Krisen des Wohlfahrtsstaates sind. Der Schlüssel ist das Staatsgeld.[14]

1. Die Staaten haben heute weltweit ein Geldangebotsmonopol geschaffen. US-Dollar, japanischer Yen, Euro, Britisches Pfund und Schweizer Franken sind allesamt von Zentralbanken produziertes und in Umlauf gebrachtes Geld. Die Zentralbanken sind formal vielfach unabhängig, aber mit ihrer gesetzlichen Währung ohne Wettbewerber faktisch von den Regierungen beeinflusst oder ihnen sogar unterstellt.

2. Im staatlich beherrschten Geldsystem wird Geld per Kredit geschaffen. Das geschieht ohne Rückgriff auf echte Ersparnisse. Die Geldproduktion erfolgt «aus dem Nichts», praktisch unbeschränkt, nicht durch Wettbewerber, und mit einem erheblichen Hebel der Geschäftsbanken. Zugleich kann eine Behörde beim Geld, wie bei allen anderen Gütern auch, unmöglich die «richtige» Menge feststellen. Das Kredit- und Geldsystem ähnelt weitgehend einer planwirtschaftlichen Apparatur.

3. Die Geldpolitik der Zentralbanken besteht im Kern in einer Ausweitung der Geldmenge, sei es, um das Wachstum zu unterstützen, sei es, um Banken oder Staaten genug Liquidität zur Verfügung zu stellen, sei es durch eine Politik der Preisstabilität, die in der Regel eine «Inflation» von 2 Prozent pro Jahr hervorbringen soll.

4. Die chronische Ausweitung der Geldmenge durch Kreditvergabe sorgt für ein künstliches Absenken des Marktzinses. Infolgedessen werden Investitionen angeregt, die bei marktgerechten Zinsen und ohne die Aufblähung der Geldmenge nicht getätigt worden wären, und deren wirtschaftlicher Erfolg von dauerhaft verfügbarem billigem Geld abhängt. Es bilden sich Vermögenspreisblasen, wie auf dem amerikanischen Häusermarkt vor dem Krisenausbruch, und wandernde Finanzmarktblasen.[15]

5. Droht eine Rezession, dann werden nicht die eigentlich unrentablen Investitionen liquidiert und die mit ihnen entstandenen Arbeitsplätze abgebaut. Vielmehr senkt die Zentralbank die Zinsen noch weiter ab und stellt Liquidität zur Verfügung, um so die Rezession zu «bekämpfen» und in einen (erneuten) Aufschwung umzuwandeln. Die Verfechter einer solchen Politik ignorieren, dass die Krise eigentlich eine Bereinigung ökonomisch unhaltbarer Zustände darstellt.

6. Eine derartige Politik führt geradewegs in die Überschuldung. Die Kreditnehmer müssen ihre Schulden nicht mehr

zurückzahlen. Vielmehr können sie fällige Kredite mit immer niedrigeren Zinsen refinanzieren. Zudem provoziert der künstlich abgesenkte Zins weitere, per Kredit finanzierte Investitionen. Gleichzeitig wird über eine Ausweitung der Staatsverschuldung und durch Subventionen versucht, das bestehende Preisniveau zu erhalten. Dies führt dazu, dass die gesamte Verschuldung schneller wächst als die Einkommen, die mit ihnen erwirtschaftet werden.

7. Regierungen haben ein ausgeprägtes Interesse an staatlich kontrolliertem Kreditgeld. Auf diese Weise lassen sich «öffentliche Wohltaten», nach denen die Wählerschaft scheinbar dürstet, leicht und nahezu unmerklich finanzieren. Die Rückzahlung wird auf künftige Steuerzahler abgewälzt. Das Staatsgeldsystem lädt wie jedes Staatsmonopol geradezu zum Missbrauch ein. Sobald jedoch Überschuldung eingetreten ist, sind Kreditgeber nicht mehr automatisch bereit, die Dauerverschuldung der Kreditnehmer zu finanzieren. Zugleich sind Kreditnehmer nicht mehr in der Lage oder willens, höhere Zinsen zu zahlen. Haben die Zentralbanken die Zinsen faktisch auf null gesenkt, dann ist es schwierig, der selbst gestellten Zinsfalle zu entkommen, wie das Beispiel Japan illustriert.

Wirtschaftskrisen decken Fehlsteuerungen auf

Das staatliche Geldsystem verzerrt also regelmässig die volkswirtschaftliche Produktionsstruktur. Früher oder später werden die Ungleichgewichte aufgedeckt. Es kommt zur Rezession, die die Produktions- und Beschäftigungsstruktur wieder in Einklang mit den Konsumentenwünschen und verfügbaren Ressourcen bringt. Eingriffe wie die aktivistische Geld- und Konjunkturpolitik nach dem Platzen der New Economy Blase 2001[16] oder die interventionistische Politik des New Deal[17] verlagern, verlängern und verschärfen nur die notwendige Neuausrichtung von Kapital und Arbeit.

Früher schätzten die Regierungen Zentralbanken und ihre Vorläufer, privilegierte Geschäftsbanken, vor allem als Quelle für die Finanzierung von Kriegsausgaben. Heute ist die Finanzierung des Wohlfahrtsstaates an die Seite oder an die Stelle der Militärausgaben getreten (*from warfare to welfare state* - Marc A. Eisner). Wie das Beispiel der USA zeigt, ist die Behauptung, Zentralbanken seien ein Stabilitätsgarant, ein Mythos. So waren die Finanzkrisen nach Etablierung des Federal Reserve System (Fed) 1920–21, 1929–33, 1937–38, 1980–82 und 2007–09 in ihrem Ausmass weitaus gravierender als die Krisen zuvor. Hinzu kamen ausgeprägte Inflationsphasen, darunter die von 1917–20 und 1973–80 sowie zahlreiche Vermögenspreisinflationen, die es unter dem Goldstandard in derartigen Grössenordnungen nicht gab und die in einem freien Bankenwesen unmöglich wären. Allein seitdem US-Präsident Nixon am 15. August 1971 die verbliebene Gold-Teildeckung der Weltleitwährung US-Dollar aufgehoben hat, sind weltweit etwa 150 gravierende Finanzkrisen zu beklagen, darunter das Platzen der Vermögenspreisblase in Japan Anfang der 1990er Jahre, die Mexikokrise 1994/1995, die Asiatische Krise 1997/1998, der Kollaps der Dotcom-Blase 2001 und die jüngste Weltwirtschaftskrise.

Das globale Finanzsystem lässt sich mit einem gigantischen staatlich organisierten Pyramidenspiel oder Schneeballsystem vergleichen (in den USA *Ponzi scheme* genannt). Es ist naiv und überheblich zu glauben, Ökonomen und Regulatoren könnten ein besseres Finanzsystem entwerfen. Doch genau darauf richten sich die international koordinierten Bemühungen. Deshalb wird auch das nächste Mal niemals anders sein als die vorangegangene Krise... Allen Verlautbarungen zum Trotz läuft das Spiel stets darauf hinaus, dass reiche Leute nicht die Folgen ihrer Entscheidungen tragen, sondern mit dem Geld der Steuerzahler gerettet werden. Und das sorgt für gesellschaftliche Verwerfungen.

Fazit: Warum und wohin?

Es gibt eine Fülle von Gründen, welche die kontinuierliche Ausdehnung des Wohlfahrtsstaates und seiner Schulden erklärt, darunter:

- die Theorie öffentlicher Wahlhandlungen (*public choice theory*), demzufolge es für Politiker rational ist, zum Zwecke ihrer Wiederwahl Geld an ihre potenziellen Wähler zu verteilen.

- die «Logik organisierter Interessen» (Mancur Olson), wonach kleine, gut organisierte Interessengruppen die Fähigkeit besitzen, sich auf Kosten der unorganisierten Massen durch Umverteilung und andere Begünstigungen mit Hilfe des Staates Renten anzueignen.

- die Theorie vom «Mythos des rationalen Wählers» (Bryan Caplan), der zufolge Wähler ihre emotionale Befriedigung nicht hinter langfristige, vernunftgeleitete Entscheidungen zurückstellen. Sie leisten nicht nur Beihilfe, sondern ermöglichen Politikern und Sonderinteressenvertretern das demokratische Spiel. Es gilt das klassische Diktum von Frédéric Bastiat: Der Staat ist die grosse Fiktion, nach der jedermann glaubt, auf Kosten von jedermann leben zu können.

In ideologischer Hinsicht spielen der Glaube an die Überlegenheit einer planmässigen Gestaltung von Wirtschaft und Gesellschaft auf der Grundlage scheinbar unbegrenzter Mittel eine wichtige Rolle. Auch hier gilt: Die Geschichte wiederholt sich. Den Etatisten kommt zupass, dass sie für ihr Handeln nicht haften müssen. Politiker riskieren allenfalls ihre Wiederwahl. Deshalb kommt es auch zu schizophren anmutenden Handlungen wie im Fall der «Bekämpfung» der Wirtschaftskrise: Unter vernünftigen Ökonomen besteht ein breiter Konsens darüber, dass der Weg zur Krise durch rekordverdächtig niedrige Zinsen, Rekord-Verschuldung und gigantischen kreditfinanzierten Konsum bereitet worden ist. Heute versuchen Regierungen das Problem genau mit den aufgezählten Ursachen zu lösen, nämlich mit niedrigen Zinsen, Verschuldung und kreditfinanziertem Konsum.

Das Gebot der Stunde lautet: Kehrt um – aus der selbst gewählten Sackgasse! Wir benötigen nicht nur eine Ausgabenkürzung, sondern vielmehr eine *Auf*gabenkürzung des Staates. Die Regierung muss allen aus dem Weg gehen, die ihr Leben selbst gestalten wollen, solange sie sich an die allgemeinen Rechtsregeln halten. Die wichtigste Aufgabe der Regierung besteht heute darin, niemandem zu schaden. Sofern sie dies eines Tages tatsächlich schaffen sollte, wäre bereits viel gewonnen. Gutes tun kann jeder, in seinem Umfeld mit seinen eigenen Mitteln. Hingegen sollten wir Leute, die mit dem Geld anderer vermeintliche Wohltaten begehen, als das brandmarken, was sie sind: Sozialschmarotzer und soziale Brandstifter.

Wir stehen also mitten in der grossen Aufgabe, die Alexander Rüstow, der unter den Liberalen als «Linker» gilt, wie folgt umschrieb: «Was uns heute, statt der bereits überholten Pseudoideale von Planwirtschaft und Vollsozialisierung, als wirklich gefährliche und bekämpfenswerte Gegenposition gegenübersteht, das ist das Programm des totalen Wohlfahrtsstaates.» Der Wohlfahrtsstaat zerstört den Staat, die Gesellschaft und das Gemeinwohl. Es gilt, dem Staat wieder einen streng abgegrenzten Status zuzuweisen und seine Akteure unter das Recht zu stellen.

Anknüpfungspunkte dafür gibt es eine Menge. Drei Jahrzehnte lang war ein weltweiter Trend zur Senkung der Steuern zu beobachten. Jene Menschen, deren Regierungen Strukturreformen durchgeführt haben, profitieren erheblich davon. Derartige Änderungen sind auch gegen den Zeitgeist und trotz erheblicher Widerstände möglich, wie beispielsweise Margaret Thatcher, Ronald Reagan, Roger Douglas (von Neuseeland) und unter dem Druck ökonomischer Probleme in Teilbereichen selbst die Reformen in skandinavischen Staaten belegen, auch wenn keiner von ihnen die Prosperität einer wirklich freien Gesellschaft zur Entfaltung brachte. Inzwischen zeigen sogar Entwicklungsländer, wie wohltuend sich eine marktwirtschaftliche Öffnung auswirkt. Freihandel und eine partielle Deregulierung der Finanzmärkte gehören ebenfalls zu den positiven Entwicklungen der letzten Jahrzehnte; allein der Welthandel hat sich von 1990 bis heute auf 15,9 Billionen US-Dollar vervierfacht. Die Welt von heute hebt sich positiv von den kollektivistisch geprägten 1970er Jahren ab.

Angesichts der erheblichen ökonomischen und politischen Risiken und derzeit beobachtbaren Fehlentwicklungen vermag es jedoch nicht zu trösten, dass es uns materiell immer bessergeht. Die ökonomischen Aussichten erscheinen teilweise recht düster. Umso wichtiger bleibt die Botschaft: Der Wohlfahrtsstaat ist nicht nur zu weit gegangen, sondern war von Beginn an eine zutiefst unmoralische Institution. Bereits Bismarck sorgte sich nicht um die soziale Lage der Arbeiter, sondern um die staatliche Macht und griff deshalb zum Mittel staatlicher Sozialfürsorge.[18] Wohlfahrt und Staat haben nichts miteinander zu tun und müssen wieder getrennt werden. Der von Alexander Rüstow angemahnte Kampf gegen den totalen Wohlfahrtsstaat bleibt eine Daueraufgabe. Die einzige Alternative wäre, den sonst unvermeidlichen Bankrott willkommen zu heissen.

Noten

1. Siehe auch von Prollius, M. (2010), Sozialismus, die Wirtschaftsform ohne Privateigentum – und ohne Perspektive, Fürstenberg: Forum Ordnungspolitik und ders.: Die Dunkle Bedrohung: Verstaatlichung durch schleichende Bürokratisierung, Working Paper Forum Freie Gesellschaft, erschienen am 20.09.2015.
2. Vgl. Taghizadegan, R. (2009), Staat. Eine Analyse des Instituts für Wertewirtschaft, S. 16.
3. Siehe ausführlich von Prollius, M. (2006), Deutsche Wirtschaftsgeschichte nach 1945, Göttingen: UTB.
4. Quelle: Europäische Kommission in: http://www.stiftung-marktwirtschaft.de/fileadmin/user_upload/Generationenbilanz/Folien-EU-Ranking_2015_24-11-2015.pdf.
5. http://www.stiftung-marktwirtschaft.de/wirtschaft/themen/generationenbilanz.html
6. Altersvorsorge und die Schweizer Generationenbilanz – Lasten in die Zukunft verschoben, UBS, 2014.
7. Bökenkamp, G. (2010), Staatsausgaben und Sparpolitik: In den Himmel wachsen und auf Granit beissen, in: ef-magazin online am 09.06.2010 (http://www.ef-magazin.de/2010/06/09/2216-staatsausgaben-und-sparpolitik-in-den-himmel-wachsen-und-auf-granit-beissen).
8. Reinhart, C. und Rogoff, K. (2010), Dieses Mal ist alles anders. Acht Jahrhunderte Finanzkrisen, München: FinanzBuch.
9. Siebert, H. (2005), Jenseits des sozialen Marktes. Eine notwendige Neuorientierung der deutschen Politik, München: DVA, S. 102f.
10. Blankart, C. B. und Fasten, E. R. (2010), So wird in Europa entschieden. Das wohl teuerste aller Sanierungsverfahren gewählt, in: NZZ vom 4. Mai 2010.
11. Verstoss gegen Artikel 125 Abs. 1, Satz 2 AEUV (Lissabon-Vertrag).
12. Beispielhaft für die USA ist der Klassiker von Higgs, R. (1987): Crisis and Leviathan. Critical Episodes in the Growth of American Government, Oxford: Oxford University Press.
13. Siehe Roberts, R. (2010), Gambling with other people's money (http://mercatus.org/publication/gambling-other-peoples-money).

[14] Zur Systematik der Krisen siehe Hoffmann, C. und Bessard, P. (Hg.) (2009), Aus Schaden klug? Ursachen der Finanzkrise und notwendige Lehren, Zürich: Edition LI, sowie Polleit, T. und von Prollius, M. (2010), Geldreform. Vom schlechten Staatsgeld zum guten Marktgeld, Grevenbroich: Lichtschlag.

[15] Siehe Sowell, T. (2009), The Housing Boom and Bust, New York: Perseus und Hoffmann, Andreas / Schnabl, Gunther (2011): A Vicious Cycle of Manias, Bursting Bubbles and Asymmetric Policy Responses – An Overinvestment View. The World Economy 34, 3, 382-403.

[16] Siehe Hochreiter, G. (2010), Krankes Geld – kranke Welt. Analyse und Therapie der globalen Depression, Gräfelfing: Resch.

[17] Siehe Rothbard, M. N. (2005, engl. Erstauflage 1963), America's Great Depression, Auburn: Mises Institute.

[18] Siehe hierzu den Beitrag von Gerd Habermann im vorliegenden Band.

Armut ohne Ende?
Der Wohlfahrtsstaat schafft keine Wohlfahrt
Kristian Niemietz

In den späten 1950er Jahren wendete ein durchschnittlicher britischer Haushalt 43 Prozent seines Jahresbudgets für Kleidung und Nahrungsmittel auf. Sechzig Jahre später ist ein so hoher Anteil undenkbar geworden. Selbst die Haushalte des ärmsten Einkommenszehntels geben heute im Durchschnitt weniger als ein Viertel ihres Jahresbudgets für Kleidung und Nahrungsmittel aus. Dafür haben sie 7 Prozent für Restaurantbesuche und Hotelübernachtungen verfügbar, 11 Prozent für Freizeitgüter und kulturelle Veranstaltungen und 4 Prozent für Kommunikationsdienstleistungen. In der Gesamtbevölkerung haben 99,5 Prozent aller Haushalte Zugang zu einer Waschmaschine, 99 Prozent ein eigenes Badezimmer, 99,8 Prozent ein Telefon, und über 95 Prozent können sich mindestens jeden zweiten Tag Mahlzeiten mit Fleisch, Fisch oder Geflügel leisten. Güter, die noch vor zwei Generationen auch für Wohlhabende etwas Besonderes waren – sofern es sie überhaupt gab –, finden sich heute auch in den Ausgabenprofilen der ärmsten Einkommensgruppen Grossbritanniens: Flugreisen und Auslandsaufenthalte, Computer und Fotoapparate, Besuch von Wellness-Einrichtungen und Konzerten, Wein und Südfrüchte, Bankkonten und Versicherungsprodukte.

Eine ähnliche Entwicklung, teils besser, teils schlechter, gab es auch in anderen entwickelten Ländern. Dass es den Armen der heutigen Generation materiell bessergeht als den Normalbürgern der letzten und den Reichen der vorletzten Generation, ist in der Menschheitsgeschichte neu. Überhaupt ist das Phänomen, dass der allgemeine Lebensstandard im Laufe der Zeit steigt, erst seit dem Aufkommen des modernen Industriekapitalismus beobachtbar. Dieser Prozess ist heute keineswegs abgeschlossen. Es gibt keinen Grund, warum die noch bevorstehende Wohlstandsmehrung nicht alles bisher Erreichte in den Schatten stellen sollte (zumindest, solange wir sie nicht im Namen falscher Ideologie und Hysterie erdrosseln).

Abb. 1: Reales Bruttosozialprodukt pro Kopf in der westlichen Welt im Zeitverlauf[1]

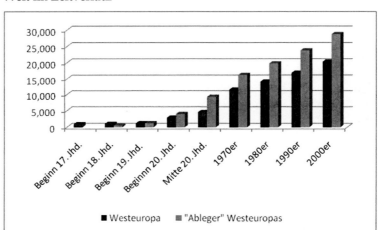

Wen diese optimistische Schilderung überrascht, dem sei dies verziehen, wird doch in politischen Talksendungen das Bild einer sich ausbreitenden Massenarmut gezeichnet. Titel wie «Die Hartz-Gesellschaft – Solidarität ade», «Schlechte Löhne, schnell gekündigt – aus für Sicherheit und Wohlstand», «Das Ende der Solidarität?», «Abstiegsangst – wer sorgt jetzt für soziale Sicherheit?» oder «Mies bezahlt und ohne Rechte – Ausbeutung trotz Aufschwung» bestimmen die Schlagzeilen. Sozialverbände, Gewerkschaften, Kirchenverbände und NGOs stossen ins gleiche Horn. Schlagworte wie «Entsolidarisierung», «Umverteilung von unten nach oben», «Gerechtigkeitslücke», «soziale Spaltung», «neue Unterschicht» und «abgehängtes Prekariat» beherrschen die Debatte. Die Schilderung von Caritas Europa bringt die weitverbreitete Einschätzung auf den Punkt:

> Globalisierung und technologischer Fortschritt führen zu verschärftem globalem Wettbewerb am Arbeitsmarkt. Flexibilität, Lohnkürzungen, unregelmässige Arbeitszeiten und die Notwendigkeit, sich ständig fortzubilden, üben einen Druck aus, dem viele Menschen nicht mehr standhalten können. Die Zahl derer, die trotz Arbeit nicht genug verdienen – die sogenannten 'working poor' – wächst in allen europäischen Ländern. Rutscht ganz Europa in die Armut ab?[2]

Die Diagnosen mögen sich im Detail unterscheiden, aber die Medizin, die dabei verordnet wird, lautet stets: der Staat müsse noch wesentlich aktiver werden; insbesondere müsse der Wohlfahrtsstaat ausgebaut werden. In Deutschland wünschen sich laut einer Emnid-Umfrage 72 Prozent der Bürger, dass der Staat mehr für die «soziale Gerechtigkeit» tue.[3] Laut einer Bertelsmann-Umfrage wünschen sich 90 Prozent der Deutschen und 88 Prozent der Österreicher (die Umfrage wurde in diesen beiden Ländern durchgeführt) gar eine «neue Wirtschaftsordnung», in der der «soziale Ausgleich» an erster Stelle steht.[4] Offen bleibt dabei die Frage, wie viel mehr Staat es denn eigentlich braucht, bis endlich «soziale Gerechtigkeit» herrscht. Die Nettosozialtransfers[5] belaufen sich im Durchschnitt der EU-27 auf fast ein Viertel des Bruttosozialprodukts.[6]

Führt eine Ausdehnung des Wohlfahrtsstaates aber tatsächlich zu weniger Armut? Die internationale Armutsforschung bejaht dies eindeutig. Eine Studie von UNICEF etwa führt Unterschiede in der Höhe der Kinderarmut auf Unterschiede in der Höhe der Sozialausgaben zurück:

> Es ist vollkommen offensichtlich, dass das Armutsrisiko umso geringer ist, je mehr Mittel der Staat für diese [d.h. sozialstaatliche] Zwecke einsetzt.[7]

Auch das Statistikamt der europäischen Union, Eurostat, kommt zu dem Ergebnis:

> Sozialtransfers haben einen wichtigen Umverteilungseffekt, der dazu beiträgt, die Zahl der von Armutsbedrohten zu reduzieren. Ohne Sozialtransfers wäre das Armutsrisiko in der EU wesentlich höher, als es derzeit ist (nämlich 40 Prozent statt 16 Prozent).[8]

Empirische Studien kommen zum gleichen Ergebnis, so etwa diese in der *American Sociological Review* erschienene:

> Wenn Staaten mehr für Wohlfahrtsleistungen ausgeben, dann sinkt die Armut. Geben sie es unter dem Einfluss linker Parteien aus, dann tun sie dies mit höherer Umverteilungswirkung, und reduzieren die Armut ganz besonders effektiv.[9]

Abb. 2: Ungleichheit vs. relative Armut in den OECD-Ländern[10]

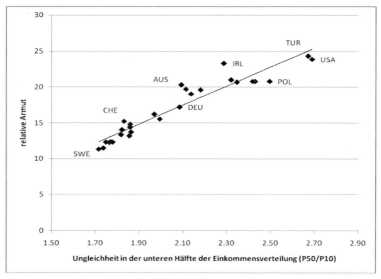

Ist Armut relativ?

Diese Einschätzungen weisen allerdings erhebliche Schwierigkeiten auf: Zum einen stützen sich die zitierten Studien fast ausschliesslich auf ein relatives Armutsmass. Die Armutsgrenze wird dabei als fester Prozentsatz des Medianeinkommens[11], meist 60 Prozent, gesetzt. Dadurch ist relative Armut, wie Abbildung 2 zeigt, faktisch ein Mass für Ungleichheit, genauer gesagt für Ungleichheit in der unteren Hälfte der Einkommensverteilung.[12] Diese ist in den skandinavischen Ländern besonders niedrig und in den angelsächsischen sowie den Mittelmeerländern besonders hoch, während die deutschsprachigen und die Benelux-Länder mittlere Positionen einnehmen.

Abb. 3: Realeinkommen der ärmsten zehn Prozent vs. Relative Armut in den OECD-Ländern[13]

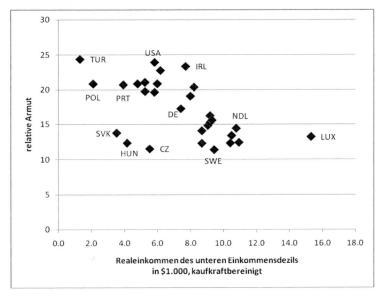

Über den materiellen Lebensstandard derjenigen am unteren Ende der Verteilung lässt sich hieraus aber kein Schluss ableiten. Wie Abbildung 3 zeigt, besteht zwischen der relativen Armutsquote eines Landes und dem Realeinkommen des unteren Einkommenszehntels kein Zusammenhang.

Ist es sinnvoll, Armut als Ungleichheit zu definieren? Ja, meint Christoph Butterwegge von der Universität Köln:

> in der Armutsforschung [gehört] bereits seit langem zum Grundkonsens [...], dass Armut nicht in sämtlichen Ländern über den gleichen Leisten geschlagen werden kann, sondern dass unterschiedliche Massstäbe nötig sind, um dem jeweiligen sozioökonomischen Entwicklungsstand angemessen Rechnung zu tragen [...]. Empathie und Solidarität erfahren die von Armut betroffenen Menschen hierzulande in einem eher geringeren Masse, als dies dort der Fall ist, wo kaum jemand ein grosses (Geld-)Vermögen besitzt.[14]

Unbestritten ist: Jenseits des materiellen Existenzminimums gibt es keine objektive Definition dessen, was eine «Notwendigkeit» bzw. ein «Grundbedürfnis» ist. Was wir als solche empfinden, ist darüber hinaus keineswegs statisch. So hätte in den 1950er Jahren wohl kaum jemand einen Kühlschrank oder eine Waschmaschine als unbedingt notwendig eingestuft. Armut ist also alles andere als absolut.[15]

Daraus allerdings zu schliessen, dass ein Anstieg des Medianeinkommens sofort jeden Zuwachs im Lebensstandard der weniger Wohlhabenden zunichtemacht, ist unsinnig. In Irland ist das Realeinkommen des unteren Einkommensfünftels zwischen 1995 und 2005 um 5 Prozent pro Jahr gewachsen. Da die Medianeinkommen aber im gleichen Zeitraum real um 8 Prozent gestiegen sind, explodierte die relative Armut. «Besser» im Sinne von Christoph Butterwegge erging es in diesem Zeitraum den mexikanischen Armen. Dort stagnierten die Realeinkommen des unteren Einkommensfünftels zwar für ein Jahrzehnt. Da die Mittelschicht aber reale Einkommensverluste hinnehmen musste, fiel die relative Armut...

Untaugliches Konzept

Zur Erklärung von Phänomenen, die in der realen Welt stattfinden, taugt das relative Armutsverständnis ohnehin nichts. Wanderungsbewegungen von qualifizierten Migranten, die in ihrem Herkunftsland relativ wohlhabend waren, aber (wegen Sprachbarrieren und der begrenzten Übertragbarkeit von Bildungsabschlüssen) in ihrer Wahlheimat relativ arm sind, sind etwas völlig Alltägliches. Man denke an Osteuropäer in Grossbritannien und Irland. Statistisch betrachtet ziehen diese Leute freiwillig in die Armut, was jedem konventionellen Armutsforscher eigentlich als völlig irrational erscheinen müsste. Wanderungsbewegungen mit dem Ziel, sich zwar absolut schlechter, aber relativ besser zu stellen, gibt es dagegen so gut wie nie. Es sind offenbar nicht die relativ Armen in reichen Ländern, die unter Ungleichheit leiden, sondern ideologisch motivierte Akademiker wie Christoph Butterwegge.

Sinnvollere Armutsindikatoren sind durchaus verfügbar, etwa der auf Haushaltsbefragungen basierende Index der «materiellen Entbehrung» (*material deprivation*). Dabei wird den Teilnehmern eine Liste von Gütern und Dienstleistungen präsentiert, und sie werden befragt, ob ihnen davon etwas fehle. Die Daten sind leider jedoch international nicht direkt vergleichbar. In den europäischen Ländern wird unterschieden zwischen Haushalten, denen Dinge fehlen, weil sie sich diese nicht leisten können, und Haushalten, denen Dinge fehlen, weil sie diese nicht möchten. Letztere werden aus dem Index ausgeschlossen. In Nordamerika wird diese Unterscheidung nicht vorgenommen, wodurch die Armut in den USA und Kanada vermutlich etwas überschätzt wird.[16] Trotz dieser Verzerrung ergibt sich aber im internationalen Vergleich immer noch ein sichtbarer negativer Zusammenhang zwischen dem allgemeinen Wohlstandsniveau eines Landes und der Verbreitung von Armut (s. Abb. 4). Die oft beschworene Entkoppelung der Armen vom allgemeinen Wohlstandszuwachs, welche Globalisierung, gefühltem Sozialabbau und gefühlter liberaler Politik angelastet werden, fand nicht statt.

Abb. 4: Reales Bruttosozialprodukt pro Kopf vs. materielle Entbehrung in den OECD-Ländern[17]

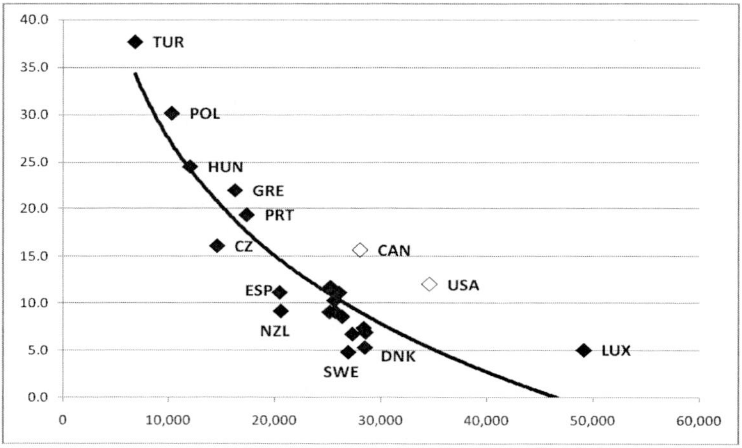

Umverteilung und Wachstum

Die Frage nach komplexeren Wechselwirkungen zwischen Umverteilung und Wohlstandsmehrung kann offenbar nicht, wie die konventionelle Armutsforschung es für gewöhnlich tut, völlig ausgeklammert werden. Zur Finanzierung eines ausgebauten Wohlfahrtsstaates bedarf es einer sehr hohen Steuerlast, denn auch wenn ein kosteneffizienter Wohlfahrtsstaat theoretisch vorstellbar wäre, kommt er in der Realität schlicht nicht vor. Der real existierende Wohlfahrtsstaat ist in erster Linie ein Instrument, mittels dessen politische Entscheidungsträger sich Popularität, Einfluss und Wählerstimmen erkaufen. Transferströme orientieren sich nicht vorrangig am Kriterium der «Bedürftigkeit» oder an hehren moralischen

Zielen. Wie Ökonomen der Public-Choice-Schule ein ums andere Mal gezeigt haben, landen Transferzahlungen häufig bei denjenigen, die ihre Interessen in der politischen Arena am schlagkräftigsten artikulieren und bündeln können.[18] Schon ein kurzer Blick auf Makrodaten zeigt, dass längst nicht nur die Armen in den Genuss von Transferzahlungen kommen. In Grossbritannien etwa bezieht ein Haushalt im sechsten Dezil der Einkommensverteilung (also Bürger, die überdurchschnittlich wohlhabend sind) durchschnittlich 5000 Pfund (etwa 6000 Franken) im Jahr von Vater Staat, zuzüglich Sachleistungen. Und selbst die Haushalte in den drei reichsten Dezilen kassieren noch über 2000 Pfund (etwa 2400 Franken). Dabei gilt der britische Sozialstaat noch als relativ treffsicher. Kurzum: Bevor ein Pfund, Franken oder Euro bei den wirklich Bedürftigen ankommt, muss zuerst sehr viel Geld in die politische Umverteilungsmaschinerie eingespeist werden. Ein ausgebauter Wohlfahrtsstaat und eine niedrige Steuerbelastung schliessen einander also faktisch aus.

Ist das schlimm? Auf der politischen Linken wird gerne betont, die wachstumshemmende Wirkung hoher Steuern sei liberale Propaganda, die vom wirtschaftlichen Erfolg der skandinavischen Länder widerlegt werde.

Richtig ist: Schweden und Dänemark sind erfolgreiche Volkswirtschaften, in denen relative wie absolute Armut sehr niedrig sind. Die Behauptung, das hohe Steuerniveau dieser Länder stelle kein Wachstumshemmnis dar, ist aber dennoch falsch. Selbst in diesen Ländern haben, nach einem längeren relativen Abstieg, Liberalisierung sowie Steuersenkungen (die freilich stets von einem sehr hohen Niveau ausgingen) eine ökonomisch belebende Wirkung erzielt. Die «Laffer-Kurven» dieser Länder weisen die gleiche Form auf wie die anderer Länder auch.

Die Laffer-Kurve misst den Zusammenhang zwischen dem Steuersatz, der Steuerbasis und den Steuereinnahmen. Ihre Logik ist einfach: Beträgt beispielsweise der Einkommenssteuersatz 0 Prozent, so beträgt das Aufkommen aus der

Einkommenssteuer offensichtlich null. Beträgt er allerdings 100 Prozent, so beträgt das Steueraufkommen auch wieder null, denn die Steuerbasis – in diesem Falle das Arbeitseinkommen – wäre längst zusammengebrochen. Niemand wäre bereit, ausschliesslich für den Staat zu arbeiten. Die Laffer-Kurve ist also bogenförmig: Die Steuereinnahmen steigen zunächst mit dem Steuersatz, aber der Anstieg nimmt ab und kommt irgendwann ganz zum Erliegen. Überschreitet der Steuersatz selbst diese Schwelle, so gehen die Steuereinnahmen zurück, denn die Steuerlast wiegt nun so schwer, dass der Steuersatz schlicht seine eigene Basis erstickt.

Das National Bureau of Economic Research (NBER) liefert eine Schätzung der Laffer-Kurven für die Besteuerung der Faktoren Arbeit und Kapital in Europa und Nordamerika.[19] Demnach hat die Arbeitsbesteuerung in Schweden und Dänemark ihr Potential bereits weitgehend erschöpft; eine Senkung der entsprechenden Steuersätze würde sich fast vollständig selbst finanzieren. Bei der Kapitalbesteuerung haben beide Länder sogar den Gipfel ihrer Laffer-Kurven überschritten. Skandinavien beweist also keineswegs die Unschädlichkeit einer erdrückenden Steuerlast.

Naheliegender ist die Erklärung, dass beide Modelle an anderer Stelle so deutliche Stärken aufweisen, dass sie ihre viel zu hohe Steuerlast damit kompensieren können. Hierfür spricht auch die Datenlage: Der vom Liberalen Institut mitherausgegebenen Fraser-Index wirtschaftlicher Freiheit misst den Grad wirtschaftlicher Freiheit in verschiedenen Teilbereichen, etwa dem Ausmass staatlicher Einmischung in die Arbeits-, Produkt- und Finanzmärkte. Es zeigt sich, dass Schweden und Dänemark fast immer Extrempositionen einnehmen. Sie sind Schlusslichter in den Kategorien «Staatsgewicht», belegen aber gleichzeitig Spitzenplätze in anderen Kategorien. Nimmt man die fiskalischen Kategorien heraus, so rangiert Schweden bei dem verbleibenden Rest-Index weltweit im Top Ten, Dänemark sogar auf Platz 1.[20] Die skandinavischen Ökonomien gleichen einem Läufer, der so viel Kraft hat, dass er selbst mit einem schweren Klotz am Bein noch ein hohes Tempo erreichen kann. Würde er sich aber von diesem Klotz befreien, dann wäre er erst recht unschlagbar. Auffällig ist, dass die Anhänger des «nordischen Modells» zwar die hohen Steuersätze aus Schweden oder Dänemark importieren möchten, nie aber die relativ zurückhaltende Regulierung und Intervention in anderen Feldern.

Umverteilung und private Vermögensbildung

Blenden wir wachstumshemmende Effekte einmal aus. Verringert dann Umverteilung die Armut? Für Eurostat ist der Fall klar: Gäbe es keine Umverteilung, so würden 40 Prozent der Europäer in Armut leben. Mit dem bestehenden Grad der Umverteilung sind es dagegen nur 16 Prozent.

Eurostat vergleicht hier die Armutsquote, die sich bei Markteinkommen (also Einkommen vor Steuern und Transfers) ergeben würde, mit der tatsächlichen Armutsquote. Die Differenz wird dem Sozialstaat zugutegehalten. Dies ist zwar eine in der Armutsforschung übliche Vorgehensweise. Sie basiert aber auf mindestens drei unausgesprochenen, nicht unproblematischen Annahmen:

- Umverteilung steht nicht in Konkurrenz zu privatwirtschaftlichen Formen der Vorsorge.

- Umverteilung löst keinerlei Veränderungen im Verhalten des Einzelnen aus.

- Umverteilung steht nicht in Konkurrenz zu freiwilliger Philantropie und zivilgesellschaftlicher Selbstorganisation.

Die 40-Prozent-Zahl von Eurostat beruht daher insbesondere auf der Lage der Rentner, denn in umlagefinanzierten Rentensystemen ist das Markteinkommen der meisten Rentner naturgemäss minimal. Die Betroffenen haben schliesslich ihr Leben lang Rentensteuern bezahlt, die für den Aufbau eines privaten Kapitalstocks nicht mehr zur Verfügung standen. Eurostat nimmt aber faktisch an, diese Rentner würden heute materielle Not leiden, wenn es nie ein staatliches Rentensystem gegeben hätte. Dabei ist die negative Wechselwirkung zwischen staatlichen Leistungsansprüchen und privater Kapitalbildung gerade in der Altersvorsorge bestens belegt. In Chile wurde 1981 der Übergang von einem Umlage- zu einem Kapitaldeckungsverfahren in die Wege geleitet. Seitdem haben chilenische Arbeitnehmer private Rentenersparnisse angehäuft, deren Gesamtwert etwa drei Vierteln des chilenischen BSP entspricht.[21] Chile ist zu einer Nation von Kapitaleigentümern geworden. Die Alternative zum Wohlfahrstaat ist nicht der Hungertod, sondern Eigentumserwerb und individuelle Vermögensbildung.

Umverteilung und Erwerbstätigkeit

Auch lösen Staatstransfers Verhaltensänderungen aus. Insbesondere können zeitlich unbegrenzte Lohnersatzleistungen die Aufnahme einer Beschäftigung finanziell unattraktiv machen. Die Vermutung, zwischen Arbeitsanreizen und Beschäftigung könne ein Zusammenhang bestehen, wird in politischen Talksendungen stets auf schärfste zurückgewiesen. Dahinter verberge sich die zynische Unterstellung, die Arbeitslosen wollten nicht arbeiten. Nun ist die Bereitschaft zur Arbeitsaufnahme natürlich keine binäre Variable, die nur die Ausprägungsformen «ja» oder «nein» annehmen kann. Vielmehr besteht ein Kontinuum mit unendlich vielen Zwischenstufen: Widmet jemand der Stellensuche einen Tag pro Woche, oder fünf? Ist jemand erst ab einem Stundenlohn von 12 Euro bereit, eine Stelle anzunehmen, oder bereits ab 6 Euro? Engt jemand die Stellensuche auf einige wenige Branchen ein, oder kommen viele in Frage? Muss die Stelle in einem engen Umkreis um den Wohnort liegen, oder wird ein längerer Anfahrtsweg hingenommen? Dass diese Variablen keinesfalls unabhängig sind von der Höhe der Lohnersatzleistungen, bestätigen fast alle empirischen Arbeitsmarktmodelle.[22] Das gilt insbesondere, wenn berücksichtigt wird, dass Geldleistungen nur einen kleinen Teil der Lohnersatzleistungen ausmachen. Einflussreicher sind das Wohngeld und die Sachleistungen wie etwa die kostenlose Krankenversicherung und die Sozialtarife. All dies sind Ansprüche, die einem Arbeitslosen in der Regel verloren gehen, sobald er den Wiedereinstieg ins Arbeitsleben wagt.

Doch auch diese Einschränkungen zeigen nur die halbe Wahrheit: Betont werden muss auch, dass der Staat den Arbeitswilligen Steine in den Weg legt. Das Angebot von und die Nachfrage nach Arbeitsleistungen können nur zusammentreffen, wenn der Arbeitsmarkt frei von staatlicher Einmischung funktioniert. Die Regulierung des Arbeitsmarktes macht das Beschäftigen von Arbeitskräften teurer und riskanter, während eine ausufernde Bürokratie und hohe Zugangshürden gleichzeitig den Weg in Selbständigkeit und Kleinunternehmertum erschweren. In Europa gibt es nur wenige Länder, deren Arbeitsmärkte als weitgehend frei bezeichnet werden könnten.

Abb. 5: Index der Freiheit des Arbeitsmarktes[23]

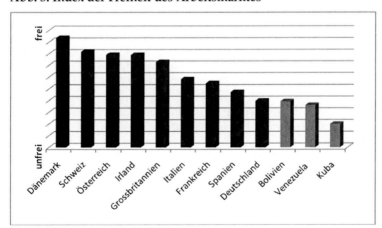

Erwerbslosigkeit wird dann zum Problem, wenn sie sich verstetigt und zudem geografisch konzentriert auftritt. Dann nämlich kommt es zur Bildung von Parallelgesellschaften mit Werten, Normen und Lebensgewohnheiten fernab derer der Mehrheitsgesellschaft. Man denke an die von Kriminalität, Gewalt, Bandenkriegen und Drogenproblemen geprägten Sozialbausiedlungen in Berlin-Neukölln, London-Hackney oder Paris/Clichy-sous-Bois, wo Dauerabhängigkeit von Staatstransfers die Norm und formelle Erwerbsarbeit eine seltene Ausnahme sind.[24]

Doch nicht nur im Arbeitsleben, selbst bei intimen Lebensentscheidungen wie der Familienplanung sind ökonomische Anreize nicht irrelevant. In dieser Hinsicht ist die Erfahrung Grossbritanniens, wo wechselnde Regierungen seit Jahrzehnten vergeblich gegen das hohe Armutsrisiko alleinerziehender Mütter[25] ankämpfen, lehrreich. In den 1980er Jahren begann die Sozialpolitik damit, diese Gruppe bei der Vergabe von Transferleistungen zu bevorzugen. Seit den späten 1990ern hat die Labour-Regierung noch weitere Unterstützungen eingeführt, die diese Familienform ökonomisch geradezu lukrativ gemacht haben. Eine nicht erwerbstätige alleinerziehende Mutter mit einem Kind bezieht heute pro Jahr 4800 Pfund (etwa 7350 Franken) mehr als ein erwerbsloser Einpersonenhaushalt und hat zudem Anspruch auf eine grössere Wohnung. Arbeitet sie zwei Tage pro Woche, so erhält sie vom Staat zusätzliche 3800 Pfund (etwa 5800 Franken), plus Erstattung der Kinderbetreuungskosten, die einem Einpersonenhaushalt in der gleichen Situation nicht zustehen.[26] (Das Einkommen wird dann allerdings teilweise auf das Wohngeld angerechnet.) Doch mit dem Umfang der Leistungen wuchs auch die Zahl der Alleinerzieher. Heute lebt in Grossbritannien jedes vierte Kind in einem Alleinerzieherhaushalt.[27] Dagegen wäre nichts einzuwenden, wenn die Alleinerziehenden im Wesentlichen selbst für sich und ihre Kinder aufkämen. Fast die Hälfte der britischen Alleinerzieher arbeitet allerdings überhaupt nicht. Diejenigen, die es tun, arbeiten meistens zwei Tage pro Woche oder knapp darüber, also genau an der

Schwelle, ab der zusätzliche Sozialleistungen bezogen werden können.[28] Der britische Sozialstaat hat erreicht, was freien Märkten gerne zum Vorwurf gemacht wird: Er hat die Familie ökonomisiert. Kinder sind zu einer alternativen Einkommensquelle geworden. Das Beispiel zeigt, wie manche Wohlfahrtsprogramme ihre eigene Notwendigkeit gerade erst herbeiführen und perpetuieren.

Umverteilung und Solidarität

Unabhängig von der offensichtlich fragwürdigen Wirkung: Handelt es sich beim Wohlfahrtsstaat tatsächlich um die Institutionalisierung von Solidarität? Anhänger des «europäischen Sozialmodells» würden diese Frage sicher ohne Umschweife bejahen. Wie es um die «Solidarität» in Sozialstaaten allerdings wirklich bestellt ist, wird regelmässig ersichtlich, wenn wütende Proteststürme losbrechen, sobald klamme Staatskassen eine Reduktion von Leistungen erfordern. Eine wirkliche Solidargemeinschaft – wie eine intakte Familie, ein stabiler Freundeskreis oder ein Verein mit hoher Mitgliederloyalität – zeichnet sich gerade dadurch aus, dass ihre Mitglieder bereit sind, auch einmal zurückzustecken und geringere Leistungen in Anspruch zu nehmen, wenn es der Gemeinschaft nicht gut geht. Diese Denkweise, die gegenüber der Familie, Freunden und Vereinskollegen völlig selbstverständlich ist, gibt es in Wohlfahrtsstaaten nicht. Hier werden Leistungen innerhalb kürzester Zeit als Selbstverständlichkeiten betrachtet, gar als «soziale Errungenschaften», deren Kürzung angeblich «Sozialraub» wäre. Wohlfahrtsstaaten institutionalisieren in erster Linie den Gruppenegoismus. Das noble Konzept der Solidarität verkommt dabei zum blossen politischen Kampfbegriff. Wer «Solidarität» sagt, meint meistens «höhere Leistungen für mich selbst bzw. für meine Klientel, die von anderen bezahlt werden».

Echte Solidarität und die Umverteilung von Zwangsabgaben sind nicht nur grundverschiedene Dinge, es besteht sogar ein Konkurrenzverhältnis zwischen den beiden. Als einen möglichen Indikator für echte Solidarität könnte man die Grössenordnung von freiwilligen Spenden heranziehen. International vergleichbare Daten hierfür sind leider nur für wenige Länder erhältlich, und sie umfassen nur Geldspenden von Privathaushalten. Aussen vor bleiben daher Sachspenden, ehrenamtliche Arbeitsstunden für wohltätige Zwecke sowie Spenden von Unternehmen und anderen Institutionen. Die verfügbaren Daten allerdings weisen auf einen negativen Zusammenhang zwischen freiwilliger Spendentätigkeit und der Höhe der Einkommenssteuern und Sozialabgaben hin (s. Abb. 6).

Abb. 6: Freiwillige Wohltätigkeit vs. Umverteilung und Zwangsversicherung[29]

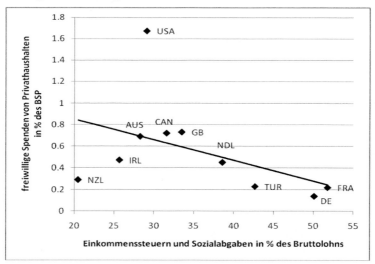

Ein Konkurrenzverhältnis besteht nicht nur zwischen Staatstätigkeit und privater Wohltätigkeit, sondern zwischen dem Staat und der autonomen Zivilgesellschaft. Freiwilliges bürgerschaftliches Engagement und gesellschaftliche Selbstorganisation sind tendenziell dort ausgeprägter, wo die Rolle des Staates lange Zeit eine begrenztere, subsidiäre war.[30]

Abb. 7: Aktive Mitglieder (Prozent der Bevölkerung) in Wohltätigkeitsorganisationen, humanitären Organisationen, religiösen Organisationen, Gewerkschaften und/oder Berufsverbänden[31]

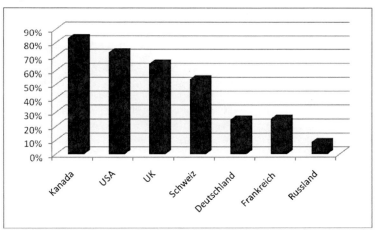

Dies gilt insbesondere für das Ausmass der Staatstätigkeit im Bereich der Absicherung gegen die Risiken und Wechselfälle des Lebens. Viele der in Abbildung 7 enthaltenen Organisationen waren einst Träger nichtstaatlicher Sozialversicherungen. Insbesondere in Grossbritannien und den USA bestanden lange Zeit staatsfreie, genossenschaftliche Sozialversicherungswesen. Die britischen *friendly societies* und die amerikanischen *fraternal societies* sowie von Gewerkschaften betriebene Hilfskassen boten den Arbeitern ein Alterseinkommen sowie ein gewisses Mass an Absicherung gegen Krankheit, Unfälle und andere Risiken.[32] Als der Wohlfahrtsstaat diese Aufgaben an sich riss, verloren diese Organisationen an Bedeutung, da sie gegen einen «kostenlosen» Rundum-Versicherer mit scheinbar unbegrenzten Ressourcen natürlich nicht konkurrieren konnten. Wenn sich heute eine Mehrheit der Bevölkerung keine Alternative zum Wohlfahrtsstaat mehr vorstellen kann, dann liegt das nicht zuletzt daran, dass der Wohlfahrtsstaat sämtliche Alternativen verdrängt hat.

Fazit

Ist der Wohlfahrtsstaat ein geeignetes Mittel zur Bekämpfung von Armut? Wenn wir Armut als Ungleichheit definieren, wie es die Armutsforschung für gewöhnlich tut, dann lautet die Antwort unter Einschränkungen «ja». Legen wir dagegen ein realistischeres Armutsmass zugrunde, so verschwindet dieser Zusammenhang. Zwar gibt es Länder, insbesondere Schweden und Dänemark, welche über ausgebaute Wohlfahrtsstaaten verfügen und über sehr wenig Armut verzeichnen. Daraus ist aber nicht automatisch auf einen Kausalzusammenhang zu schliessen.

Der Wohlfahrtsstaat kollidiert mit dem Ziel der Wohlstandsmehrung. Er verhindert die private Ersparnis- und Vermögensbildung sowie die Verbreitung privatwirtschaftlicher Alternativen der Risikoabsicherung. Er hält seine scheinbaren Nutzniesser vom Arbeitsmarkt fern und viele von ihnen in dauerhafter Abhängigkeit. Er verdrängt die private Wohltätigkeit, bürgerschaftliches Engagement und zivilgesellschaftliche Selbstorganisation. Er unterdrückt Vielfalt, Wahlfreiheit und die Entfaltung wettbewerblicher Entdeckungsprozesse.

Es bleibt die Frage, warum der Wohlfahrtsstaat so populär geworden ist, wenn seine Bilanz doch im besten Falle stark durchwachsen ausfällt. Dies könnte daran liegen, dass seine Anhänger trotz Schwächen in Sachfragen den Wettbewerb der Ideen eindeutig gewonnen haben. Ihre Interpretation des Wohlfahrtsstaates als Ausdrucksform gesellschaftlicher Solidarität hat sich weitgehend durchgesetzt. Das verbissene Festhalten an Gruppenprivilegien beweist jedoch regelmässig, dass eine solche Interpretation des Wohlfahrtsstaates von der Realität abweicht. So, wie sich Individuen am Markt an ihren

Interessen orientieren, tun sie es auch in der politischen Arena, also in ihrer Rolle als Wähler, Demonstrationsteilnehmer oder Mitglieder von Interessenverbänden. Es gibt keinen Grund, Eigennutz in der Sphäre des Marktes zu verdammen, ihn aber in der politischen Sphäre zu glorifizieren.

Liberale Kritiker des Sozialstaates akzeptieren leider oft die moralische Hegemonie ihrer Wettbewerber implizit und begründen ihre (punktuelle) Kritik am Wohlfahrtsstaat ausschliesslich mit Sachzwängen: klamme Kassen, die Kostenbelastung des Faktors Arbeit, der globale Wettbewerb, der demographische Wandel.

Alles dies mag sachlich richtig sein, es ist aber unzureichend, um den Mythos Sozialstaat zu entzaubern. Anhänger der Freiheit und des Marktes müssen sich dem Wettbewerb der moralischen Überzeugungen stellen. Die besseren Argumente sprechen für Freiheit, Privatautonomie, Eigenverantwortung, Selbstorganisation, eine starke Zivilgesellschaft sowie echte, freiwillige Solidarität.

Noten

1. Daten von Maddison, A. (2008), Historical statistics of the world economy: 1-2008 AD. Die "Ableger" sind die USA, Kanada, Australien und Neuseeland.
2. Caritas Europa (2010), Poverty in Europe: Background information and methods for youth, Kampagne 'Zero Poverty'.
3. TMS/Emnid (2007), abrufbar unter http://zeus.zeit.de/online/2007/33/zeit3207.pdf
4. Bertelsmann-Stiftung (2010), Bürger wollen kein Wachstum um jeden Preis, Kurzbericht.
5. Einige Länder, insbesondere die skandinavischen, zahlen sehr hohe Transferleistungen aus, besteuern diese allerdings. Daher ist es sinnvoller, Nettosozialtransfers zu betrachten, also die Transfersummen nach Abzug der Steuern.
6. Datenquelle: Eurostat (2009), Net expenditure on social protection benefits, Statistics in Focus 102/2009.
7. UNICEF Innocenti Research Center (2005), Child poverty in rich countries 2005, Innocenti Report Card 6, Florence: UNICEF.
8. Eurostat (2005), Income poverty and social exclusion in the EU 25, Statistics in Focus, 13:2005.
9. Moller, S., Huber, M., Stephens, J., Bradley, D. und Nielsen, F. (2003), Determinants of relative poverty in advanced capitalist democracies, American Sociological Review, Vol. 68, Nr. 1, S. 22-51.
10. Datenquelle: Organization for Economic Co-operation and Development (2008), Growing unequal? Income distribution and poverty in OECD countries, Paris: OECD Publishing.
11. Das Medianeinkommen ist der Zentralwert der Einkommensverteilung: Die Hälfte aller Einkommen liegt darüber, die andere Hälfte darunter.
12. Das Standardmass hierfür ist der Quotient aus dem Medianeinkommen und dem Einkommen des zehnten Perzentils (P50/P10).
13. Datenquelle: Organization for Economic Co-operation and Development (2008), Growing unequal? Income distribution and poverty in OECD countries, Paris: OECD Publishing.
14. Butterwegge, C. (2009), Das Elend ist nie relativ, Der Freitag, 20. 08. 2009.

[15] Niemietz, K. (2010), The understanding of poverty. Poverty measurement and policy implications, London: Institute of Economic Affairs. Siehe auch Niemietz, K. (2010), Measuring poverty: Context-specific but not relative, Journal of Public Policy, Vol. 30, Nr. 3, S. 241-262.

[16] Daher die unterschiedliche Einfärbung dieser Datenpunkte in Abbildung 4.

[17] Datenquelle: Boarini, R. und d'Ercole, M. (2006), Measures of Material Deprivation in OECD Countries, OECD Social, Employment and Migration Working Paper, Nr. 37, Paris: OECD.

[18] Siehe z.B. Tullock, G. (1977), The vote motive, Hobart Paperback 9, London: Institute of Economic Affairs.

[19] Trabandt, M. und Uhlig, H. (2009), How far are we from the slippery slope? The Laffer Curve revisited, NBER Working Paper No. 15343, National Bureau of Economic Research.

[20] Fraser-Index wirtschaftlicher Freiheit, Liberales Institut (2016).

[21] Niemietz, K. (2008), Die kapitalgedeckte Altersvorsorge am Beispiel Chile, Hamburg: Diplomica Verlag. Siehe hierzu auch den Beitrag von José Piñera in diesem Band.

[22] Für eine Zusammenfassung der Literatur, siehe Krüger, A. und Meyer, B. (2002), Labour supply effects of social insurance, in Aürbach, A. und Feldstein, M. (Hrsg.), Handbook of Public Economics, 1. Ausg., Volume 4, Amsterdam: Elsevier, S. 2327-2392.

[23] Datenquelle: Heritage Foundation and Wall Street Journal (2010): 2010 Index of Economic Freedom, Washington: Heritage Foundation und Wall Street Journal.

[24] Siehe hierzu auch die Beiträge von Stefan Blankertz und James Bartholomew im vorliegenden Band.

[25] Für alleinerziehende Väter gilt natürlich prinzipiell das gleiche, aber die Anzahl alleinerziehender Väter ist deutlich geringer. Daher werden die Begriffe „single parent" und „single mother" in Grossbritannien praktisch synonym verwendet.

[26] Summe aus "Child Benefit" und "Child Tax Credit", plus "Working Tax Credit" bei zwei Arbeitstagen pro Woche. Datenquelle: Department for Social Development und HM Revenue and Customs.

[27] Datenquelle: Snowdon, C. (2010), The Spirit Level delusion. Fact-checking the left's new theory of everything, London: Democracy Institute.

[28] Datenquelle: Office for National Statistics & HM Revenue and Custom (2009), Child and Working Tax Credits statistics: Finalised annual awards 2007-08, London: ONS & HRCR.

[29] Datenquelle: Charities Aid Foundation (2006), International comparisons of charitable giving, CAF Briefing Paper, Kent: CAF.

[30] Auf Grossbritannien etwa trifft diese Beschreibung inzwischen nicht mehr zu, und auch auf Nordamerika nur noch in begrenztem Masse.

[31] Datenquelle: World Values Survey (2010), Online Data Analysis. Da Mehrfachnennungen möglich sind, enthält die Abbildung unweigerlich Doppelzählungen, was aber dadurch kompensiert wird, dass dies auf alle Länder zutrifft.

[32] Siehe Seldon, A. (Hrsg.) (1996), Re-Privatising Welfare: After the Lost Century, London: Institute of Economic Affairs; und Chalupnícek, P. und Dvorák, L. (2009), Health Insurance Before the Welfare State: The Destruction of Self-Help by State Intervention, The Independent Review, Vol. 13, Nr. 3, S. 367-387.

Kontrolle statt Verantwortung

Wie staatliche Risikovermeidung die Leistungsbereitschaft zerstört

Stefan Blankertz

Hilfe der Menschen untereinander spielt in jeder Gesellschaft eine tragende Rolle. Unterstützung von Hilfebedürftigen ist zunächst Angelegenheit der Familie. Darüber hinaus kennt jeder moralische Kodex in der Welt die Pflicht, in Not geratene Mitmenschen, denen Angehörige nicht helfen können oder wollen, mit Almosen zu unterstützen.

Als die ökonomische Organisation der Arbeit die Grenzen der familiären Produktion überwunden hatte, bildeten die Arbeiter Unterstützungsfonds, um sich gegen Arbeitslosigkeit, Krankheit und Arbeitsunfähigkeit im Alter abzusichern. Diese selbstverwalteten Unterstützungsfonds bedeuteten eine grosse wirtschaftliche Macht in den Händen der Arbeiter. Der Staat – in diesem Fall besonders repräsentiert durch die mächtige Klasse der staatskapitalistischen Unternehmer, die in der industriellen Revolution eine bedeutende Rolle spielte – fürchtete die in den Unterstützungsfonds angesammelte Macht der Arbeiter. Darum wurden die Unterstützungsfonds durch Verstaatlichung der Sozialversicherungen entmachtet. Selbst die deutschen, an den Staat geketteten Gewerkschaften bekämpften bis zur Wende zum 20. Jahrhundert die staatlichen Sozialversicherungen, da sie eine Enteignung der Arbeiter darstellten. Erst Anfang des 20. Jahrhunderts haben die deutschen Gewerkschaften die staatliche Sozialversicherung zu einer von ihnen erkämpften «Errungenschaft» umdefiniert.

Die Okkupation der gegenseitigen Hilfe durch die Installierung staatlicher Wohlfahrtspflege hat eine eigene Klasse geschaffen: die Klasse jener, die von staatlichen Zuwendungen abhängig sind, aber weder zur herrschenden Klasse gehören noch zur Klasse jener, die eine soziale Funktion erfüllen. Marxistisch gesprochen: Lumpenproletariat und Lumpenbourgeoisie.

Sicherheit als Grundbedürfnis

Das Bedürfnis nach Sicherheit geht anderen Bedürfnissen voran: Sicherheit ist die Möglichkeitsbedingung zu deren Befriedigung. Selbst das Bedürfnis nach Nahrung lässt sich erst befriedigen, wenn die Produktion und die Lagerung von Nahrungsmitteln nicht durch natürliche Katastrophen oder räuberische Eingriffe anderer Menschen bedroht werden. Jedwede Tätigkeit des Menschen ist auf eine gewisse Absicherung angewiesen.

Zu allen Zeiten haben die Menschen davon geträumt, dass es ihnen das ewige Glück auf Erden verheissen würde, wenn sie denn von den Risiken des Lebens befreit wären. Sie haben viele Ideen entwickelt und Anstrengungen auf sich genommen, um ihr Leben sicherer zu machen. Technische Entwicklungen auf der einen und soziale Organisationen auf der anderen Seite sind zu diesem Zweck entstanden. Es gehört zu den tragischen und traumatischen Erfahrungen der Menschheit, dass ihre Bemühungen um Sicherheit umso anfälliger gegen Misserfolg sind, je gewaltiger und «sicherer» sie zu sein scheinen.

Die Urform dieser Erfahrung findet sich in der Genesis des Alten Testaments [Gen. 11, 1-9], der Geschichte vom «Turmbau zu Babel». Die Menschen wollten einen weithin sichtbaren Turm bauen, gleichsam eine Brücke zum Himmel, «damit wir uns nicht über die ganze Erde zerstreuen». Der Turm soll den Zusammenhalt der Gesellschaft also symbolisch sichern. Er bricht jedoch ein und die Menschen zerstreuen sich über die ganze Erde.

In der Moderne steht der Untergang der «Titanic» für das Versagen der Technik, Sicherheit zu garantieren. Das gigantische Schiff wurde, obgleich schlecht konstruiert und mit minderwertigen Materialien erbaut, als «unsinkbar» deklariert. Dass es unterging, war ein Schock, der sich noch heute in der Popularität der Mythen ausdrückt, die sich um die Titanic gebildet haben.

Fast mehr noch als die Technik haben die sozialen Sicherungssysteme die Menschen enttäuscht: Immer wieder mussten sie feststellen, dass diejenigen, die sie mit der Wahrung ihrer Sicherheit betrauten, sie hintergingen, ausplünderten und verfolgten. Häuptlinge führten Kriege um ihres Ruhmes willen, nicht zur Sicherung gegen Angreifer. Monarchen lebten auf Kosten des Volkes in Saus und Braus und machten sich aus dem Staub, wenn sie gebraucht worden wären. Der Staat unterdrückte seine Bürger, vermochte es aber nicht, der Kriminalität oder der Bedrohung durch Krieg Herr zu werden. Kommunisten versprachen die soziale Befreiung für alle und forderten Millionen von Opfern.

Risikominimierung durch den Staat

Zu den Massnahmen der Risikominimierung durch den Staat gehören unter anderem gerade jene, die normalerweise als die sozialen Errungenschaften der Arbeiterschaft gelten, etwa die zur Sicherung von Arbeitsplätzen. Das Risiko, den Arbeitsplatz zu verlieren oder Einkommensverluste hinnehmen zu müssen, ist eine existentielle Bedrohung für die Menschen, wenn diese Sicherungsmassnahmen nicht greifen.

Die Kehrseite der Befreiung vom Arbeitsplatzrisiko ist bzw. wäre, dass sich der Eindruck verbreiten kann, es käme auf die eigene Leistung nicht an, um sich seinen Lebensunterhalt zu verdienen. Man kann beispielsweise nicht nur krank sein und ist dann abgesichert, sondern man kann sich auch krank stellen und ist in gleicher Weise abgesichert. Der Zusammenhang von Krankmeldungen und Lohnfortzahlung hat sich bewahrheitet, als Letztere in Deutschland kurzfristig auf 80 Prozent des Lohnes gesenkt wurde. Die Krankenstände nahmen ab. Als die Lohnfortzahlung erneut auf 100 Prozent angehoben wurde, nahmen auch die Krankenstände in den Betrieben wieder zu.

Mit der Ideologie der Risikominimierung wird auf folgende Weise eine Entkoppelung des Einkommens von der Leistung bewerkstelligt: Die Ideologie behauptet, die Koppelung des Einkommens an die Leistung sei keine objektive Bedingung des Lebens, sondern eine Schikane profitorientierter Unternehmen. Denn natürlich gibt es für viele Menschen weiterhin die Koppelung von Einkommen an Leistung. Dies empfindet die etatistische Gesellschaft jedoch als einen bedauernswerten Anachronismus, der so schnell wie möglich überwunden werden sollte.

Eine verbreitete Vorstellung, in der Einkommen und Leistung entkoppelt ist, ist: Jemand erwerbe sich durch eine Ausbildung (z.B. Universitätsstudium) oder durch eine einmal errungene berufliche Position (z.B. Abteilungsleiter) das unbedingte Recht auf ein entsprechendes Einkommen. Die Gesellschaft sei demnach verpflichtet, denjenigen, der dieses Einkommensniveau nicht erreicht, so lange zu unterstützen, bis er es erreicht. (Unterstützung etwa vermittels der Arbeitslosenversicherung.) Es wird wenig darüber nachgedacht, dass dieses «Recht» von Beitragszahlern finanziert werden müsste, die meist erheblich weniger verdienen als der auf diese Weise Unterstützte.

Es gehört zu den Eigenheiten der bestehenden staatsgläubigen Gesellschaft, dass diese sich stets weigert, auf die Verlierer zu schauen, die durch die Formulierung immer weitergehender Forderungen an das anonyme Netzwerk entstehen. Es wird einfach vorausgesetzt, dass Organisationen wie Unternehmen und Versicherungen über finanzielle Ressourcen verfügen, die niemand erarbeitet haben muss. Diesen Organisationen stehen, so die geheime Voraussetzung des Anspruchsdenkens, nahezu unbegrenzte Ressourcen zur Verfügung, und sie könnten diese freigebig verteilen. Wenn sie sich weigern, sie zu verteilen, sei dies reine Willkür.

Beispiel Schulwesen

Die sicherste Form der Entkoppelung von Einkommen und Leistung ist eine Finanzierung der Arbeit, die nicht auf Zustimmung der Kunden angewiesen ist. Ein besonders markantes Beispiel sind die öffentlichen Schulen.

All jene, die als Lehrer in einer Schule arbeiten oder als Verwaltungsangestellte den Schulbetrieb aufrechterhalten, brauchen sich weder um die Finanzierung noch um den «Verkauf» ihrer Leistung Sorgen zu machen: Die Schule finanziert sich aus Steuermitteln, die zwangsweise eingetrieben werden. Den Verkauf der Leistung «Unterricht» stellt ein Annahmezwang sicher, genannt Schulpflicht. Über die Schulpflicht hinaus fördert das öffentliche Bildungswesen seinen Absatz, indem der Zugang zu vielen Berufen an den Erwerb von offiziellen Abschlüssen gekoppelt wird.

Die konservative Kritik an diesem Zustand weist meist darauf hin, dass die Lehrer – bzw. alle auf diese Weise abgesicherten Beamten und Angestellten des öffentlichen Dienstes – «faul» sein könnten. Sie fordern eine «leistungsgerechte» Entlohnung. Die Lehrer wehren sich dann mit dem Hinweis, wie viel sie leisten und wie lange sie arbeiten würden. In der Tat ist «Faulheit» eine Unterstellung. Viele Lehrer engagieren sich durchaus. Zwar ist es eine Frage der Gerechtigkeit, ob ein «fauler» und ein «fleissiger» Lehrer gleich viel verdienen sollten. Darum geht es in der Ideologie vom leistungsunabhängigen Einkommen aber gar nicht wirklich.

Betrachten wir die privaten Musiklehrer Gerd und Fritz. Gerd ist einfühlsam und geschickt darin, Kindern das Klavierspielen nahezubringen. Die Kinder kommen mit Freude, und ihre Eltern sind gern bereit, für die Stunde einen relativ hohen Satz zu bezahlen. Da Gerd ein genügsamer Mensch ist, braucht er nicht viele Stunden zu geben. So besehen ist er durchaus «faul». Fritz dagegen kommt nicht so gut bei den Kindern an. Er hat es schwerer, Kunden zu akquirieren, und bietet seine Stunden entsprechend günstiger an. Darum muss er, um das gleiche Einkommen wie Gerd zu erzielen, mehr Stunden geben. Er ist «fleissig».

Für den Lehrer der öffentlichen Schule ist es dagegen unerheblich, ob seine «Kunden», die Schüler (oder deren Eltern), mit seiner Leistung zufrieden sind. Nicht nur, ob er faul oder fleissig ist, ist für seinen Lohn unerheblich, sondern auch, ob das, was er tut, das Ziel erreicht oder nicht. In diesem Sinne braucht er keine Verantwortung für die Folgen seines Tuns zu tragen. Dass Lehrer für die Folgen ihres Tuns keine Verantwortung zu tragen brauchen, ist durchaus nicht unerheblich. Denn der schulische Erfolg der Kinder entscheidet sehr stark mit über deren Lebensmöglichkeiten. Wer Freude daran hat, Schüler zu quälen, kann dies tun, ohne dass es Folgen für ihn persönlich hat. Die Schüler haben natürlich im Gegenzug Spass daran, den Lehrer zu piesacken. Am Ende geht es allen schlecht.

Mehr Markt statt mehr Geld

Das Prinzip der Entkoppelung von Leistung und Einkommen gilt zunächst für alle, die von der öffentlichen Hand beschäftigt werden. Dieses Prinzip ist durch die Einführung von Leistungslöhnen nicht zu beheben. Wenn zum Beispiel ein Finanzbeamter «belohnt» wird, weil er seine «Leistung», besonders viele Steuernachforderungen zu stellen, steigert, ist das eine Erziehung zum Sadismus, nicht zur Leistungsgerechtigkeit im Sinne einer menschlichen Gesellschaft.

Die Entkoppelung von Leistung und Einkommen betrifft rund die Hälfte aller Arbeitnehmer. Denn jedem Arbeitnehmer im privaten Sektor steht einer im öffentlichen Sektor gegenüber. Tendenziell ist das Prinzip der Entkoppelung von Leistung und Einkommen jedoch auch in vielen privatwirtschaftlichen Zusammenhängen etabliert worden. In Grossbetrieben fehlt oft das Bewusstsein, dass es die eigene Leistung ist, mit der man sein Einkommen erwirtschaftet. Das Gehalt kommt doch automatisch jeden Monat aufs Konto…

Dass die Entkoppelung von Leistung und Einkommen tatsächlich den beschriebenen Effekt hat, lässt sich an einem Experiment mit Bildungsgutscheinen in Wisconsin, USA, beobachten. Die Ökonomin Caroline M. Hoxby hat dieses Experiment wissenschaftlich begleitet. Das Experiment in den 1990er Jahren sah vor, dass die Eltern von sozial benachteiligten Kindern in Brennpunktgebieten das Geld, das der Staat für Schulbildung aufwenden würde, in Form von Gutscheinen bekommen. Diese Gutscheine konnten sie an einer Institution ihrer Wahl einlösen. Im Gegenzug erhielten die öffentlichen Schulen der an dem Experiment beteiligten Bezirke keine direkten öffentlichen Zuwendungen mehr, sondern nur im Verhältnis zur Zahl der Kinder, die sie unterrichteten.

Diese Situation entspricht genau dem Szenario, das die Kritiker der Bildungsgutscheine besonders fürchten: Sie gehen in einem solchen Fall davon aus, dass die Besten der Kinder bzw. die Kinder der noch am engagiertesten Eltern von den entsprechenden Schulen «abwandern», während die schlechtesten bzw. am meisten vernachlässigten Schüler zurückbleiben. Dies ist im öffentlichen Schulsystem ja ohnehin Gang und Gäbe: Engagierte ebenso wie karriereorientierte Eltern setzen alles daran, dass ihre Kinder auf ihrer Meinung nach «gute» Schulen gehen. Erst dadurch entstehen ja überhaupt die so genannten «Brennpunkt»-Schulen.

Hoxby hat nun nicht die Schulen untersucht, zu denen Kinder hin abwandern, sondern diejenigen, die Auffangbecken für die zurückbleibenden Kinder bilden: Deren Eltern hatten keine andere Institution gewählt bzw. sie waren von keiner anderen Institution aufgenommen worden – eine Negativauswahl. Hoxby verglich die Leistungsentwicklung einer Stichgruppe von Schülern im üblichen staatlichen Bildungswesen mit derjenigen von Schülern, die auf vom Experiment betroffene öffentliche Schulen gingen.

Die Leistungsstärke der Kinder in der Vergleichsgruppe war am Beginn der Untersuchung deutlich höher als die der betroffenen Schulen. Dies ergab sich zwangsläufig daraus, dass an dem Experiment ausdrücklich nur Schulen beteiligt waren, die in sozialen Brennpunkten lagen, und dass die Schüler, die auf diesen Schulen «zurückblieben» wie gesagt eine Negativauswahl darstellten. Interessant ist jedoch, dass die in das Experiment einbezogenen Schulen im Verlauf des Experiments die Leistungsstärke der Kinder deutlich erhöhen konnten, und zwar mehr als die der Vergleichsgruppe. Bezüglich der Lesefähigkeit hat die Leistung in der Vergleichsgruppe sogar abgenommen, während sie in der Gruppe der betroffenen Schulen leicht zunahm.

Damit dies nicht als Effekt von eventuell erhöhtem Einsatz von Geldmitteln gedeutet werden kann, hat Hoxby den Massstab der «Schulproduktivität» eingeführt. Unter Schulproduktivität versteht sie die Testergebnisse bezogen auf die Ausgaben: Produktivität wird von ihr gemessen als Testpunkt pro tausend Dollar Ausgabe für jeden Schüler. Je grösser die Verhältniszahl, umso grösser ist die Produktivität.

Das Ergebnis von Hoxbys Untersuchung der Schulproduktivität bestätigt den ersten Eindruck: Die Vergleichsgruppe war ursprünglich «produktiver» (die Schüler brachten einen bildungsfreundlicheren Hintergrund mit, sodass es einfacher und damit auch kostengünstiger war, sie zu unterrichten), die in das Experiment einbezogenen Schulen holten aber deutlich auf. Bezüglich des Lesenlernens (das in den USA seit Jahrzehnten als besonders kritisch angesehen wird) war der Abfall der Produktivität anders als in der Vergleichsgruppe sehr gering. Es zeigte sich, dass die in das Gutscheinsystem einbezogenen öffentlichen Schulen mit einem nur geringfügig höheren Einsatz von Geldmitteln die Lesefähigkeit ihrer Schüler verbessern konnten, während in der Vergleichsgruppe trotz deutlich gesteigertem Einsatz von Geldmitteln die getestete Lesefähigkeit sogar noch sank.

Wie lässt sich das Ergebnis der Hoxby-Studie erklären? Die öffentlichen Schulen hatten innerhalb dieses Experimentes die Wahl, entweder tatenlos zuzusehen, wie eine zunehmende Abwanderung von Schülern letztendlich in der

Schliessung der Schule und Entlassung der Lehrer münden würde, oder aber aktiv zu werden und zu versuchen, dass sie Eltern und Schüler überzeugen, in der jeweiligen Schule zu bleiben. Während über Jahrzehnte hinweg die Lehrerfunktionäre in den USA wie auch in Europa davon gesprochen hatten, eine Verbesserung der Bildung gerade der Unterprivilegierten sei nur mit mehr und noch mehr Geld zu erreichen, schafften es die Lehrer in den vom Gutscheinplan betroffenen Schulen innerhalb weniger Jahre sensationelle Erfolge bei unterprivilegierten, bildungsfeindlichen Schülern. Dafür gaben sie nicht mehr, sondern im Durchschnitt sogar weniger Geld aus.

Folgen der staatlichen Risikominimierung

Fatale ökonomische, soziale und psychologische Folgen begleiten die beschriebene Entkoppelung von Leistung und Einkommen. Unsere Gesellschaft erfordert nämlich sehr viele Leistungen. Sie erfordert viele Waren. Sie erfordert eine hohe Produktqualität. Sie erfordert grosse Produktsicherheit. Sie erfordert Unmengen von Dienstleistungen. Die Entkoppelung von Leistung und Einkommen führt jedoch zu Engpässen, zu Qualitäts- und Sicherheitsmängeln und zum Unwillen, Dienstleistungen zu erbringen. Für die öffentliche Hand ergibt sich der Zwang zu immer höheren Ausgaben. Bei den Grossbetrieben, in deren Struktur das Prinzip der Entkoppelung von Leistung und Einkommen Einzug gehalten hat, ergibt sich die Notwendigkeit, Subventionen aus der Staatskasse zu erhalten, um überleben zu können.

Die Verlagerung der Risikokontrolle aus den Händen des einzelnen Menschen in die Hände des anonymen Staates birgt einen Mechanismus in sich, mit dem die Gesellschaft das Ziel ihrer Mitglieder untergräbt, sich selbst zu verwirklichen. Die «gesellschaftliche» Risikokontrolle führt nämlich dazu, dass der Spielraum, der dem einzelnen Menschen zur Verfügung steht, um sich zu entfalten, immer weiter eingeschränkt wird. Ein Beispiel: Da gönnen sich Menschen ein Leben lang den Genuss, Zigaretten zu rauchen. Wenn sie sich dann Krankheiten zuziehen, verlangen sie, ihre Angehörigen und die Öffentlichkeit, dass der Staat einschreiten möge, indem er die Hersteller zu Warnhinweisen oder zur Senkung der Nikotin- und Teerwerte zwinge. Oder indem er das Rauchen in Restaurants, bei der Arbeit und auf öffentlichen Plätzen verbiete.

Staatlich hergestellte Risikominimierung bedeutet immer auch, die Tätigkeiten, mit denen man sich selbst verwirklichen will, einzuschränken oder gar zu verbieten.

Erst wenn der Prozess, in welchem die Risikokontrolle die freie Entfaltung des Individuums behindert, sehr weit fortgeschritten ist, merken die Menschen, dass zur wahren Selbstverwirklichung auch gehört, die Folgen des eigenen Tuns selbst tragen zu müssen und zu dürfen. In England wurde sogar schon diskutiert, den Konsum von Eiern und eihaltigen Speisen einer offiziell zu erlassenden Begrenzung zu unterwerfen, weil Ernährungswissenschaftler dies empfohlen hatten. Das ging dann doch selbst den hartgesottenen Risikovermeidern zu weit, und die Gesetzesinitiative verschwand wieder. Aber wer weiss, wie lange?

Kontrolle ersetzt Verantwortung

Die Vorstellung, jeder Mensch habe einen Anspruch, seine Lebensrisiken auf das staatliche «soziale Netz» zu übertragen, und es sei im Gegenzug die Pflicht «der Gesellschaft», die Lebensrisiken zu übernehmen, hat in sehr kurzer Zeit ein Gemeinwesen entstehen lassen, das viel weitergehende Kontrollen ausübt, als sie in den früheren Tyranneien und Diktaturen üblich waren. Die alten Kontrollsysteme waren vor allem zum Schutz der herrschenden Klasse von Enteignern da und wehrten direkte Angriffe ab: durch Polizei, Armee und Pressezensur. Die neuen Kontrollsysteme sind vor allem zum Schutz jedes einzelnen Menschen vor seinen eigenen Handlungen bzw. den Folgen der eigenen Handlungen da. Die Menschen können und wollen das System gar nicht mehr angreifen, weil sie sich ja damit bloss selbst schaden würden.

Ein umfassendes System der Risikokontrolle stellen etwa die zwangsmässigen Sozialversicherungen dar. Irgendwann ist der Zwang hinzugekommen, eine Pflegeversicherung abschliessen zu müssen. Für den, der in Ruhe sein Leben geniessen will, ist es selbstverständlich störend, sich über die Möglichkeit Gedanken zu machen, was passiert, wenn er zum Pflegefall wird. Grosszügig nimmt ihm der Gesetzgeber diese Sorge ab. Er zwingt ihn, sich entsprechend abzusichern.

Das «soziale Netz» bestimmt nun, wie viel des Einkommens der Einzelne zu seiner unmittelbaren Bedürfnisbefriedigung und wie viel er zu seiner Vorsorge einsetzen darf. Damit übernimmt das Netzwerk des Staates jedoch auch die Verpflichtung, in jedem Fall einzuspringen, wenn der Einzelne in Schwierigkeiten gerät. Diese Verpflichtung wird schnell zu einer schweren Bürde, wie die fortwährenden Krisen zeigen, die Sozialsysteme zu finanzieren. Die Finanzierungskrisen führen zur Erhöhung der zwangsweise erhobenen Abgaben und schränken damit weiter den Bereich des selbstverantworteten Handelns ein. Dies ist die Selbstzerstörung der freien Gesellschaft.

Risikovermeidung auch im Privaten

Die gesetzliche Regelung der Scheidungsfolgen ist eine ebensolche gesellschaftliche Risikokontrolle. Zwar ist es ein Abbau staatlichen Eingriffs in die Privatsphäre, dass das «Zerrüttungsprinzip» die unwürdige Form, bei der Scheidung auf der Suche nach dem Schuldigen staatsöffentlich «schmutzige Wäsche zu waschen», beendet hat; es bleibt aber problematisch, dass hinsichtlich der Unterhaltszahlungen die Orientierung an der staatlich festzustellenden Bedürftigkeit dazu führen kann, möglicherweise eine Unschuldige zu verurteilen, einen Schuldigen eventuell das ganze zukünftige Leben lang zu unterstützen.

Indem die Ehen von Gerichten geschieden und die gegenseitigen Verpflichtungen nach dem Gesetz festgelegt werden, enthebt das Netzwerk die sich trennenden Personen, sich mit den Folgen ihrer Handlungen auseinanderzusetzen: Sie haben geheiratet, eventuell Kinder bekommen, womöglich gemeinsame Werte geschaffen, und nun wollen sie sich scheiden lassen. Alle diese Handlungen haben Folgen. Der Spass ist vorbei; mit dem Schlamassel, der zurückbleibt, sollen sich andere beschäftigen. Das mag auf den ersten Blick bequem sein, führt letztlich allerdings dazu, die Kontrolle über das eigene Leben an das etatistische Netzwerk abzugeben.

Hingewiesen sei noch auf die Risikoabsicherung der Unternehmer, die sich in den staatlichen Subventionen ausdrückt. Dies ist für die Unternehmer, die auf diese Weise vor den Folgen falscher Entscheidungen geschützt werden, höchst erfreulich – allerdings nur so lange, bis sie merken, dass sie durch die Hilfe auch abhängig werden und keine freien Unternehmer mehr sind, sondern Staatskapitalisten geworden sind.

Unangebrachter Sozialneid

Bei Rentnern und Arbeitslosen ist demgegenüber das Prinzip der Entkoppelung von Leistung und Einkommen nicht gegeben. Sie haben – wenn auch zwangsweise – in eine «Versicherung» eingezahlt, das heisst: von ihrer früheren Leistung etwas aufgewendet, um in der jetzigen Situation nicht mittellos dazustehen. Man beneidet die Rentner um ihr sorgloses Einkommen, vergisst aber die steuerliche Leistung, die sie schon erbracht haben. Gemessen an ihrer Leistung bekommen sie oft sogar zu wenig, weil die staatlichen Versicherungssysteme lediglich umverteilen.

Mit besonderem Neid werden die Einkommen von Künstlern und Stars bedacht. Aber gerade die Mediengesellschaft sollte einsehen, dass «Prominenz» eine hervorragende Leistung ist. Wer würde zu einem Konzert gehen, an dem unbekannte Musiker spielen? Wer sieht sich Shows an, die von Unbekannten geleitet werden und in denen Unbekannte auftreten? Wer sieht sich Filme von unbekannten Regisseuren mit unbekannten Schauspielern an? Wer geht in Ausstellungen unbekannter Künstler? Wer liest die Bücher unbekannter Autoren? Wer besucht am Wochenende das Fussballspiel des Quartiervereins, anstatt die Übertragung der Meisterschaft im Fernsehen anzusehen? Nur eine Minderheit.

Wenn jemand also mehr Gerechtigkeit verlangt, kann er dazu selbst beitragen, indem er die Veranstaltungen von Unbekannten besucht. Sie freuen sich garantiert über jeden einzelnen Zuschauer, Zuhörer und Leser! Stattdessen fordert man Subventionen für die Unbekannten – damit man ausschliesslich die Veranstaltungen der Prominenten besuchen kann, ohne ein schlechtes Gewissen den armen Künstlern gegenüber haben zu müssen...

Die Fixierung auf Prominenz hat auch mit ritueller Risikobegrenzung zu tun. Wenn ich mich entscheide, mich von jemandem unterhalten zu lassen, von dem ich bereits weiss, dass er eine gewisse Qualität bietet, ist das weniger riskant, als wenn ich mir den Film eines unbekannten Regisseurs anschaue. Der könnte nämlich grosser Mist sein.

Mit Hass werden Spekulanten verfolgt. Gleichwohl steht fest, dass Spekulanten in jeder komplexen Volkswirtschaft eine unersetzliche Funktion ausüben. So unersetzlich ist die Funktion der Spekulanten, dass sie sogar in den zusammengebrochenen Planwirtschaften des realen Sozialismus geduldet werden mussten: Wenn ein Spekulant wusste, dass in Leningrad eine Ladung Schrauben überflüssig herumstand, die in Novosibirsk zur Produktion von Traktoren gebraucht wurde, trug er zur Planerfüllung bei, obgleich er nicht einen einzigen Gegenstand hergestellt hatte.

Die Leistung der Spekulation besteht darin, vorhandenes Geld, produzierte Waren und akkumuliertes Wissen jeweils an die Orte zu bringen, wo sie am dringendsten gebraucht werden. Dies ist die Leistung, mit der Spekulanten ihr Geld verdienen.

Wer einmal versucht, mit ein bisschen Geld an der Börse zu spekulieren, merkt sofort, dass die Behauptung vom «schnell verdienten Geld» ziemlicher Unfug ist. Es bedarf professioneller Anstrengungen, um sein Geld dort nicht noch schneller zu verspielen als beim Roulette.

Verstaatlichte Verantwortung

Fehlende Bereitschaft, Verantwortung zu übernehmen, ist das Kennzeichen unserer Gesellschaft, das von eher konservativen Kulturkritikern am häufigsten beklagt wird. Dabei ist jedoch zu fragen, zu welcher «guten alten Zeit» Konservative in diesem Punkt zurückkehren wollen: Früher durften die meisten Menschen keine Verantwortung übernehmen – und heute? Wollen sie es nicht oder wird es ihnen nach wie vor verwehrt?

Der Ideologie von der gesellschaftlichen Absicherung gegen das Risiko entspricht die Ablehnung von individueller Verantwortung. Typische Erscheinungsformen:

- Wenn es ein Unglück gibt (etwa ein Flugzeug stürzt ab oder ein Zug entgleist), bei dem «menschliches Versagen» eine Rolle spielt, ist der erste Ruf immer der nach besseren Regeln, lückenloser technischer Überwachung und mehr Kontrolle.

- Wenn ein Arzt durch einen Kunstfehler einen Patienten schädigt, werden genauere Vorgaben bei der Behandlung gefordert.

- Wenn es in der Politik einen Bestechungsskandal gibt, überlegt man, wie man durch neue Gesetze und weitere bürokratische Hürden so etwas für die Zukunft verhindern könnte.

- Wenn jemand aus unserer Mitte zum Mörder wird, entwickelt man Behandlungspläne, um ihn wieder in die Gesellschaft einzugliedern.

- Wenn durch unsachgemässen Gebrauch von irgendetwas ein Schaden entsteht, zwingt man die Hersteller, selbst gegen noch so aberwitzige Eventualitäten Sicherungen einzubauen.

In der etatistischen Gesellschaft ist die Übernahme von Verantwortung im Idealfall unnötig geworden.

Illusion kollektiver Verantwortung

Es geht in Wirklichkeit gar nicht um die Frage, ob Menschen Verantwortung übernehmen wollen. Individuelle Verantwortung scheint vielmehr ein überflüssiger Anachronismus geworden zu sein. Denn die Verantwortung tragen nicht mehr Menschen, sondern Maschinen, Strukturen und Regeln.

Maschinen, Strukturen und Regeln werden unglücklicherweise von fehlbaren Menschen gemacht. Die Menschen, denen die Maschinen, Strukturen und Regeln unterstellt sind, überfrachtet man mit unglaublicher Verantwortung. Für sie gilt die gesellschaftliche Erlaubnis zu grenzenloser Selbstverwirklichung übrigens nicht.

Stellen wir den Vergleich an: Ein Arzt behandelt eine begrenzte Zahl von Patienten. Wenn er Fehler macht, so ist das seine Verantwortung. Der Bereich seiner Verantwortung ist sowohl für ihn selbst als auch für seine Patienten sehr gut überschaubar.

Dann, um einzelne ärztliche Fehler zu minimieren, arbeitet ein Gremium von Ärzten Vorgaben für die Behandlung irgendeiner Krankheit aus. Sie tun das bestimmt «nach bestem Wissen und Gewissen», wie man so schön sagt. Nach diesen Vorgaben müssen sich jetzt tausende von Ärzten richten. Ein Fehler in einer solchen Behandlungsvorgabe richtet nun auch einen tausendmal grösseren Schaden an.

Für diesen Schaden ist überdies niemand mehr verantwortlich. Der behandelnde Arzt ist nicht verantwortlich, insofern er sich an die Vorgabe gehalten hat (selbst wenn er hätte merken können, dass eine Abweichung von der Vorgabe für den Patienten besser gewesen wäre). Die Kommission, die die Vorgabe ausgearbeitet hat, ist keine Person, die Verantwortung trägt. Ihre Mitglieder sind inzwischen eventuell gestorben. Selbst wenn sie noch leben, kann ein Kommissionsmitglied zum Beispiel sagen: «Ich war schon damals anderer Meinung, wurde aber überstimmt.» Ein anderes Kommissionsmitglied sagt etwa: «Damals waren unsere Vorgaben in Ordnung. Inzwischen ist die Wissenschaft weiter, ich weiss. Es war mir aber unmöglich, eine Veränderung der Vorgaben durchzusetzen.»

Individuelle Verantwortung wird zerstört

Ist dieser Prozess der Okkupation der Verantwortung durch das anonyme Netzwerk staatlicher Institutionen abgeschlossen, wird die Übernahme individueller Verantwortung zum kriminellen Akt gestempelt: Ein Arzt wird – um beim Beispiel zu bleiben – selbst dann für eine Abweichung von den Behandlungsvorgaben belangt, wenn er dadurch einem Patienten das Leben rettet.

Ayn Rand hat in ihrem Roman *Der Streik* bereits 1957 vorweggenommen, wohin eine Gesellschaft treibt, die die individuelle Verantwortung zerstört: In Szenen, die sich heute weniger als Fiktion denn als Realität lesen, zeigt sie, dass sich kreative, verantwortliche Menschen wie Unternehmer, Erfinder und Künstler, angewidert zurückziehen, während Bürokraten die Macht übernehmen und das Land zugrunde richten. Der Niedergang des Landes, das Ayn Rand beschreibt, vollzieht sich in Industrieunfällen, die den sich häufenden technischen Tragödien der Gegenwart erstaunlich ähnlichsehen. Ayn Rand hoffte, dass die Kreativen nicht bloss streiken, sondern auch aktiv rebellieren würden. Diese Hoffnung harrt weiterhin ihrer Verwirklichung.

Die Erosion der sozialen Kultur

James Bartholomew

Vor ein paar Jahren bereitete sich die englische Fussballnationalmannschaft mit einem Freundschaftsspiel auf die Weltmeisterschaft vor. Während dieses Spiels kam es zu einer Unstimmigkeit zwischen einem der herausragenden englischen Spieler – einem der wenigen Spieler, die als «Weltklasse» betrachtet werden – und dem Schiedsrichter. Der Spieler tat seinen Unmut auf unflätige Weise kund – zum Entsetzen des örtlichen Schiedsrichters. Nachdem Wayne Rooney die gelbe Karte gesehen hatte, warf er dem Schiedsrichter kurzerhand ein «f--- you!» an den Kopf.

Die britische Presse war erschüttert. Nicht jedoch aufgrund der beleidigenden Entgleisung des Spielers – das berührte sie überhaupt nicht. Nein, vielmehr sorgten sie sich, dass Rooneys Tendenz, die Fassung zu verlieren, das englische Team schwächen könnte. Einige ehemalige Spieler und Manager vertraten die Ansicht, dass gegnerische Teams gut daran täten, Rooney zu provozieren, ihn ein Foul begehen zu lassen und so einen Platzverweis zu erzielen.

Terry Butcher, ein ehemaliger englischer Nationalspieler, teilte in der Tageszeitung *Sun* mit, dass der Manager des amerikanischen Teams, welche der erste englische Gegner des WM-Tourniers sein würde, seine Verteidiger anweisen sollte, Rooney zu beleidigen, ja sogar ihn körperlich anzugreifen. Die Zeitung zitierte damit jemandes Empfehlung, einen völlig unprovozierten Übergriff zu verüben. Dies ist offenbar der Zustand des Sportsgeistes im heutigen England. Ein deutlicher Kontrast zu den Werten, die noch vor 50 Jahren gelebt wurden.

Die Einstellungen eines Rooney oder Butcher stehen in einem krassen Widerspruch zu denen früherer Spieler. Mervy Griffiths war der Schiedsrichter an einem besonders gefeierten

Cup-Final der englischen Liga in 1953. Er schrieb folgendes über den damaligen Fussball: «Die Spieler haben sich besser benommen. Es gab damals mehr Sportsgeist als harte Konkurrenz... Als ich pfiff, gab es keine grossen Streitereien und Aufregungen. Mir stehen die Haare zu Berge wenn ich sehe, wie heute Spieler einen Schiedsrichter umkreisen, ihn beschimpfen und sogar handgreiflich werden. So etwas war früher schlicht unerhört.»

Der Wohlfahrtsstaat als Einflussfaktor

All dies soll als ein Beispiel dienen – eines von vielen –, wie sich Kultur und Verhalten in Grossbritannien in den letzten 50 Jahren verändert haben. Es handelt sich um einen ausserordentlichen Verfall. Ein anderes Beispiel begegnete mir selbst erst vor Kurzem:

Als Polen der Europäischen Union beitrat, erlaubt die britische Regierung, anders als die meisten anderen, eine unbegrenzte Zuwanderung von Fachkräften in ihr Land. Hunderttausende kamen – viele aus der Baubranche. Ich selbst beschäftigte in meinem Haus polnische Schreiner, Elektriker, Maurer und andere Handwerker. Es entpuppte sich als eine erstaunliche Erfahrung. Warum? Nun, diese polnischen Handwerker waren geradezu erschütternd höflich. Sie erschienen pünktlich, Schlag 8 Uhr morgens, zur Arbeit. Manchmal konnte ich beobachten, wie sie sich vor meinem Haus versammelten und abwarteten, um mich nicht zu früh zu belästigen. Sie arbeiteten sauber und zuverlässig. Sie nahmen nur kurze Pausen, verlangten nie nach Tee oder Kaffee, spielten kein Radio und verliessen die Baustelle nie vor 16 Uhr.

Welch ein Kontrast zu den britischen und irischen Handwerkern, die ich in den Jahren zuvor beschäftigt hatte! Diese Landsleute erschienen häufig nicht einmal am vereinbarten Tag, von der Uhrzeit ganz zu schweigen. Sie erschienen, wann immer es ihnen passte, spielten laut ihr Radio und gaben sich empört, wenn man sie bat, etwas leiser zu stellen. Sie gingen, wann immer ihnen danach war, versprachen, am nächsten Tag wieder zu erscheinen, was dann aber meist nicht der Fall war.

So markant dieser Kontrast war, zog ich doch die längste Zeit keine Lehre aus meinen Erfahrungen. Bis ich einige Jahre später in Polen von einem Radiosender interviewt wurde. Ein Anrufer meldete sich in der Sendung und fragte: «Unsere Regierung plant, einen Wohlfahrtsstaat nach westlichem Modell einzuführen. Wie würden Sie dieses Vorhaben kommentieren?»

Mir wurde diese Frage gestellt, weil ich kurz zuvor ein Buch über den britischen Wohlfahrtsstaat publiziert hatte. Und doch überraschten mich die Schlussfolgerungen, die ich zog. Meine Vorstellung osteuropäischer Staaten war noch vom Kommunismus geprägt – Länder, die eine linkslastige, etatistische Politik verfolgen. Tatsache ist jedoch, dass viele von ihnen nicht über einen Wohlfahrtsstaat verfügten, wie wir ihn etwa in Grossbritannien kennen. Aus diesem Grund kannten diese Staaten auch nicht die gravierenden Auswirkungen des Wohlfahrtsstaates auf unser Verhalten. War dies vielleicht der Grund, warum die Fachkräfte Polens den unseren so offensichtlich überlegen waren?

Erklärungsansätze

Idealerweise würde sich meine Argumentation nun von anekdotischen Belegen abwenden und unwiderlegbare, harte Fakten aufzählen, die nachweisen, wie der Wohlfahrtsstaat unser Verhalten beschädigt. Ich würde erklären, wie und warum genau dies geschieht. Schliesslich würde ich jene Massnahmen skizzieren, die diesen misslichen Zustand beheben könnten, und darüber hinaus in gegenwärtigen, demokratischen Staaten auf Akzeptanz stossen würden. Bedauerlicherweise kann ich diesem Ideal nicht gerecht werden. Wir stehen erst ganz am Anfang der Untersuchungen und Erklärungen all dieser

Aspekte. Die akademische Gemeinde hat sich als spektakulär langsam und einfallslos erwiesen, wenn es um die Untersuchung der Auswirkungen des Wohlfahrtsstaates auf das soziale Zusammenleben und die Kultur geht. Möglicherweise liegt dies daran, dass der Staat auch weitgehend für die Forschung verantwortlich zeichnet.

Ich werde daher im Folgenden einige Gedanken und Erklärungsansätze darlegen, die den Prozess verdeutlichen sollen, in dem der Wohlfahrtsstaat moralisches und anständiges Verhalten unterminiert.

Es liegt in der menschlichen Natur, dass unsere Charaktere stark von den Umständen beeinflusst werden, in denen wir uns befinden. Der Wohlfahrtsstaat verändert diese Umstände. Er verändert den Zustand, in dem sich der Mensch befand, bevor es den Wohlfahrtsstaat gab. Meine These ist nun, dass Menschen durch die Umstände vor der Entstehung des Wohlfahrtsstaates angehalten oder auch verpflichtet wurden, sich in einer Weise zu verhalten, die wir heute als moralisch, gütig und anständig betrachten würden. Und dass der Wohlfahrtsstaat diese Umstände verändert hat.

Ein Blick in die Vergangenheit

Damit man sich vorstellen kann, wie dies geschah, muss man sich das Leben ungefähr 1890 vorstellen. Stellen Sie sich also vor, Sie lebten zu dieser Zeit weder als besonders reicher noch als extrem armer Mensch, sondern als Vertreter der Arbeiterklasse. Sie repräsentieren also die Mehrheit der Bevölkerung.

Sie haben einen Arbeitsplatz, aber Sie sind sich selbstverständlich bewusst, dass Sie nicht mehr in der Lage wären zu arbeiten und ein Einkommen zu generieren, wenn Sie Ihre Stelle verlieren oder krank würden. Es besteht also die Gefahr, dass Sie in einem solchen Fall verarmen. Ihnen, Ihrem Ehepartner und Ihrer Familie könnte es dann sogar an Nahrung mangeln. Im schlimmsten Fall müssten Sie sich an ein Armenhaus wenden – ein Schicksal, das Sie nach Möglichkeit vermeiden wollen. Was tun Sie also? Wie die grosse Mehrheit der industriellen Arbeiter schlössen Sie sich einem oder mehreren Hilfs- oder Versicherungsvereinen an. Im Grossbritannien des 19. Jahrhunderts existierten unzählige solcher so genannten *friendly societies*. Sie erwuchsen aus kleinen Zirkeln gegenseitiger Hilfe zu umfassenden Anbietern sozialer Für- und Vorsorge. Viele andere westliche Länder kannten ähnliche Institutionen, wobei diese in manchen Fällen stärker kirchlich geprägt waren.

Die Hilfsvereine waren bemerkenswerte Organisationen. Man zahlte einen monatlichen Beitrag und war dafür gegen Arbeitslosigkeit oder Arbeitsunfähigkeit versichert. Viele Vereine boten im Bedarfsfalle auch die Dienste eines Arztes oder Krankenhauses an.

Nehmen wir also an, Sie erleiden eine Krankheit. Mitglieder des lokalen Sitzes Ihres Hilfsvereins würden Sie in diesem Fall besuchen und Ihnen – sofern Sie tatsächlich krank sind – ihre Hilfe anbieten. Sie würden Ihnen die Gelder auszahlen, die Ihnen zustehen. Sie würden Ihrem Ehepartner helfen, sich um Ihre Kinder zu kümmern. Die meisten dieser Herrschaften würden Sie ohnehin von den monatlichen Treffen Ihres Hilfsvereins kennen. Sollten Ihre Besucher dagegen feststellen, dass es Ihnen in Wahrheit blendend geht und Sie in Ihrer nun gewonnenen Freizeit den Garten pflegen oder Ihr Fahrrad reparieren, wären sie entsprechend verstimmt. Sie würden in diesem Fall selbstverständlich keine Unterstützung erfahren. Mehr noch, Ihr Ruf wäre nachhaltig beschädigt – Sie könnten sogar aus Ihrem Hilfsverein ausgeschlossen werden.

Die Bedeutung einer guten Reputation kann dabei nicht überschätzt werden. Sie ist die Grundlage der Kooperationsbereitschaft Ihres Umfelds. Es gibt einen starken Anreiz, sich anständig zu verhalten und einen guten Ruf zu bewahren.

Auch Ihre Arbeitsstelle ist natürlich von grosser Bedeutung. Ohne Arbeit geht es Ihnen deutlich schlechter. Ihre Reputation spielt auch hier eine grosse Rolle: Eine gute Referenzauskunft hilft, eine neue Stelle zu finden, falls die alte einmal wegfallen sollte. In ihrem Buch über das Denken und Verhalten im 19. Jahrhundert beschreibt Gertrude Himmelfarb, dass die Arbeiter dieser Zeit tatsächlich konkrete Empfehlungsschreiben auf sich trugen. Sie waren stolz auf diese guten Referenzen und zeigten sie bei Bedarf vor.

Sparen war vor der Entstehung des Wohlfahrtsstaates von zentraler Bedeutung. Sparen bedeutete Vorsorge für den Fall der Bedürftigkeit. Das Sparvermögen der einfachen Bevölkerung wuchs im 19. Jahrhundert mit atemberaubender Geschwindigkeit. Man benötigte Ersparnisse, um zu heiraten, um Schulgebühren zu bezahlen oder um an die tausenden privaten und wohltätigen Schulen zu spenden, die man selbst einmal benötigen könnte. Da man aus eigener Erfahrung wusste, dass das Leben Überraschungen bereithalten kann, spendete man an verschiedene wohltätige Organisationen. Laut einer Umfrage aus jener Zeit spendete gut die Hälfte der Arbeiter und Handwerker regelmässig an wohltätige Organisationen.

Sie sehen, es zeichnet sich das Bild eines bewundernswerten Verhaltens ab. Sie sind ein ehrlicher Mensch, der sich bemüht, anständig zu handeln, um seinen guten Ruf zu erhalten. Sie übernehmen Verantwortung für sich und Ihre Familie. Sie engagieren sich für wohltätige Zwecke.

Natürlich gab es auch damals schreckliche Menschen. Dennoch gibt es zahlreiche Hinweise, dass sich die Menschen der viktorianischen Zeit und insbesondere in der ersten Hälfte des 20. Jahrhunderts anständiger verhielten. Auch die Kriminalitätsraten dieser Zeit waren deutlich tiefer.

Die Zerstörung bewährter Strukturen

Wie aber zerstörte der Wohlfahrtsstaat jene Umstände, die die Menschen damals zu anständigem Verhalten anhielten? Nun, in einem ersten Schritt zerstörten sie die Hilfsvereine, die *friendly societies*. Nachdem die Menschen gezwungen wurden, in die staatliche Arbeitslosenversicherung und später Krankenversicherung einzuzahlen, kam es zu einem *crowding out* – die privaten, auf Gegenseitigkeit beruhenden Anbieter wurden schlicht vom Markt verdrängt.

Was geschieht heute, wenn Sie ihre Stelle als Arbeiter verlieren? Sie beziehen eine Weile Arbeitslosenunterstützung. Es könnte jedoch passieren, dass Ihnen Freunde oder sogar Sachbearbeiter staatlicher Stellen empfehlen, dass Sie sich besserstellen würden, wenn Sie Unterstützung für Arbeitsunfähigkeit beziehen. Die Zahl der Menschen, die sich aufgrund von Rückenleiden oder psychischen Problemen für arbeitsunfähig erklären lassen, ist in den letzten Jahrzehnten explodiert.

Ganz gleich jedoch, für welche Geldquelle Sie sich entscheiden, Sie werden kaum einer Kontrolle oder Überwachung unterworfen werden. Niemand in Ihrem Umfeld weiss, welche Art von Unterstützung Sie erhalten, oder ob Sie überhaupt eine beziehen. Es interessiert schlicht niemanden, ob Sie sich nebenbei noch etwas dazuverdienen. Niemand hat das Gefühl, selbst das Geld aufbringen zu müssen, das Sie beziehen.

Angenommen, Sie erholen sich körperlich und sind wieder in der Lage, eine Arbeit zu finden, wenn auch eine geringer entlohnte. Es mag sein, dass Sie sich anständig verhalten, die Stelle annehmen und die Behörden davon in Kenntnis setzen. Viele jedoch verhalten sich anders. Einige lehnen die Stelle ab, weil diese sie gegenüber der staatlichen Unterstützung finanziell nicht besserstellt. Manche mögen eine Stelle annehmen, die Behörden jedoch in Unkenntnis lassen, um weiterhin Unterstützung zu beziehen. In Grossbritannien nennt sich dies «arbeiten und beziehen» («working and claiming») – da dies erstaunlich einfach ist, eine verlockende Option! Mit anderen Worten: Sie sehen sich massiven Anreizen ausgesetzt, sich unehrlich und unanständig zu verhalten.

Um sich selbst gegenüber ein solches Verhalten rechtfertigen zu können, entwickeln Sie möglicherweise ein entsprechendes Anspruchsdenken: «Ich habe ein Recht, einen Anspruch auf dieses Geld. Ich habe meine Beiträge bezahlt, als ich noch Arbeit hatte. Ich zahle mit meinen Einkäufen ja sogar jetzt noch Steuern!» Anstatt also – wie Ihr Ich aus dem 19. Jahrhundert – Verantwortung für sich selbst, das eigene Schicksal selbst in die Hände zu nehmen, erwarten Sie nun, dass der Staat sich um Sie und Ihre Familie kümmert.

Arbeitslosigkeit und Entfremdung

Viele Menschen wundern sich, wenn man sagt, der Wohlfahrtsstaat erzeuge Arbeitslosigkeit. Es sind jedoch die eben beschriebenen Anreize, die dazu geführt haben, dass wir heute eine dauerhafte Massenarbeitslosigkeit als selbstverständlich hinnehmen. Diese Massenarbeitslosigkeit existierte vor der Einführung des Wohlfahrtsstaates schlicht nicht – heute ist sie Teil des Systems. Darum wird sie wohl als «strukturelle Arbeitslosigkeit» bezeichnet.

Dabei sollte nicht vergessen werden, welche furchtbaren Auswirkungen Arbeitslosigkeit auf die Psychologie und das Verhalten der Menschen hat. Arbeitslosigkeit ist im wahrsten Sinne des Wortes deprimierend. Anders als etwa eine Scheidung – eine schreckliche Erfahrung, von der sich der Mensch im Laufe der Zeit wieder erholt – nimmt die durch Arbeitslosigkeit hervorgerufene Depression und Entfremdung zu, je länger der Zustand anhält.

Die Auswirkungen dieser Depression und Entfremdung zeigen sich besonders drastisch im Verhalten junger Männer. Wut, Gewaltbereitschaft, Gleichgültigkeit – ein grobes, raues Verhalten greift hier um sich. Es gibt deutliche Hinweise, dass diese Umstände auch kriminelles Verhalten unter Jugendlichen fördern.

Der Wohlfahrtsstaat verändert die soziale Kultur jedoch noch auf andere Weise zum Schlechteren. Die heutigen

Sozialsysteme beinhalten Gelder, Unterstützungen in Sachleistungen oder Mietzuschüsse für jene, die uneheliche Kinder haben. Jeder Ökonom wird Ihnen bestätigen: Wenn Sie ein Verhalten belohnen, werden Sie bald mehr davon erhalten. Nirgends in Europa werden so viele ausserehelige Kinder geboren wie in Grossbritannien. Dies sagt nicht viel über britische Männer und Frauen, aber sehr viel über das britische Sozialsystem aus.

Erneut dürfen die belastenden Auswirkungen auf die betroffenen Frauen, Kinder und auch Männer nicht verkannt werden. Übrigens nicht in jedem Fall – einige Individuen finden sich in diesem System gut zurecht. Im Durchschnitt jedoch klagen alleinerziehende Mütter häufiger als verheiratete Mütter über psychische Erkrankungen wie Depression. Offizielle Statistiken zeigen – von vielen weiteren Benachteiligungen abgesehen – dass alleinerziehende Mütter häufiger körperlich verletzt werden als verheiratete.

Die Männer dagegen – nachdem sie am eigenen Leib erfahren, dass ihnen keine negativen Folgen drohen – verhalten sich zunehmend promiskuitiv und zeugen weitere Kinder, die sie dann vernachlässigen werden. Diese Männer erfahren also nie die sozialisierende Wirkung des Lebens in einer Ehe oder der Verantwortung für eine Familie.

Am schlimmsten sind jedoch die Auswirkungen auf die betroffenen Kinder. Unzählige Statistiken beweisen dies, wie etwa diese: Die Söhne alleinerziehender Eltern schwänzen die Schule mit der 2,7-fachen Wahrscheinlichkeit von denen eines Ehepaares. Wohlgemerkt nach Berücksichtigung des sozioökonomischen Status der Eltern! Es kann kaum überraschen, dass sie auch mit einer höheren Wahrscheinlichkeit zu Straftätern werden.

Der Einfluss des Wohlfahrtsstaates auf die Familien hat also zu Versagen, Grobheit, Kriminalität, Entfremdung und Verantwortungslosigkeit geführt.

Wiederkehrende Symptome

Einen ähnlichen Erfolgsausweis verzeichnen Projekte des so genannten «sozialen Wohnungsbaus». Unter diesem Banner baute man einst riesige Wohnanlagen für Bedürftige. Bemerkenswert viele dieser Anlagen existieren heute bereits nicht mehr. Sie mussten abgerissen werden, weil sie so verkamen, dass niemand mehr freiwillig darin leben wollte. Der «soziale Wohnungsbau» hatte viele negative Auswirkungen auf das Verhalten der Betroffenen. Er zerstörte beispielsweise die Familienbande, da viele Bewohner eine Unterkunft in grosser Entfernung von Eltern, Geschwistern, Onkeln und Tanten erhielten. Damit verloren sie sowohl die Unterstützung als auch den sozialisierenden Effekt ihres unmittelbaren sozialen Netzwerkes.

Hinzu kam, dass in vielen dieser Wohnanlagen niemand nennenswertes Eigentum hielt. Somit trug auch niemand die Verantwortung, sich um den guten Zustand der Anlagen zu kümmern. Viele der «sozialen» Wohnblöcke wurden zu beängstigenden Gegenden – abends unsicher, häufig auch tagsüber. Der Unterhalt war miserabel, sie entwickelten sich zu einem Spielfeld herumziehender Banden.

Zu diesen recht gut belegten und klar nachvollziehbaren Auswirkungen des Wohlfahrtsstaates auf die soziale Kultur und das Verhalten kommen einige weitere, eher spekulative Zusammenhänge: Wenn die Versorgung mit Gesundheitsdiensten und die Ausbildung «kostenlos» sind, dann sinkt wohl die Bedeutung eines guten Einkommens und eines umsichtigen Umgangs mit dem eigenen Geld. Frauen, die sich Kinder wünschen und um diese kümmern wollen, haben keinen Anreiz mehr, sich einen Partner zu suchen, der fleissig und zuverlässig ist und so die Unterstützung der Familie sicherstellen kann. Ganz gleich ob ein Mann ein Tunichtgut ist, was zählt, ist allein die erste Anziehung. Entsprechend sinken die Anreize für die Männer, sich zuverlässig und fleissig zu zeigen.

Fazit

Welche Entwicklungen können wir zusammenfassend also ausmachen? Vor der Einführung des Wohlfahrtsstaates bestanden zahlreiche Anreize für die Menschen, sich verantwortlich zu zeigen, zu arbeiten, einen guten Ruf aufzubauen und zu sparen.

Mit der Einführung des Wohlfahrtsstaates führten finanzielle Anreize zu Massenarbeitslosigkeit und Entfremdung. Er machte den systematischen Betrug in der Arbeitslosigkeit verlockend und förderte eine routinemässige Unehrlichkeit. Er förderte vermutlich auch die Kriminalität. Anreize für alleinerziehende Haushalte erzeugten weitere Entfremdung bei allen betroffenen Parteien – Müttern, Vätern und Kindern. Aktuelle Daten weisen darauf hin, dass so schulisches Versagen und Kriminalität gefördert werden.

Familienstrukturen wurden zerstört – auch etwa durch Projekte des «sozialen Wohnungsbaus». Und damit auch der zivilisierende Einfluss und die soziale Unterstützung der Familie. Dagegen wurden Verantwortungslosigkeit, Verfall und Bandenkriminalität gefördert.

Die entzivilisierende Wirkung des Wohlfahrtsstaates lässt sich nicht nur in Grossbritannien aufzeigen, hier aber vielleicht besonders deutlich. Sie ist in allen Ländern zu erkennen, die den Weg des Wohlfahrtsstaates beschritten haben. Wenn man diese Wirkung des Wohlfahrtsstaates auf die gesellschaftliche Kultur und das Verhalten kennt, dann kann es nicht mehr überraschen, dass gefeierte Fussballstars wie Wayne Rooney sich grobschlächtig verhalten, oder dass andere Spieler in der Zeitung zur Ausübung von körperlicher Gewalt aufrufen. Es mag sich dabei um kleine, eher belanglose Zeichen handeln – und doch sollten sie eine Warnung sein, welche zerstörerischen Auswirkungen es haben kann, wenn Anstand und persönliche Verantwortung durch die Anreize eines Wohlfahrtsstaates zerstört werden.

III.
ALTERNATIVEN

Vorsorge statt Versicherung
Vom Sinn und Unsinn mancher
«Sozialversicherung»

Hans-Hermann Hoppe

Eine Versicherung beruht auf der Anhäufung individueller Risiken. Solche Vereinbarungen kennen stets «Gewinner» und «Verlierer»: Einzelne Versicherte werden mehr Geld aus der Versicherung erhalten, als sie in Form von Beiträgen eingezahlt haben, andere zahlen dagegen mehr ein, als sie je erhalten werden. Eine Versicherung stellt damit eine Art Vermögensumverteilung dar, jedoch mit der spezifischen Eigenheit, dass niemand im Vornherein weiss, wer die Gewinner und Verlierer dieser Umverteilung sein werden. Die Gewinner und die Verlierer sind zufällig verteilt, die resultierende Einkommensverteilung innerhalb der Gemeinschaft der Versicherten erfolgt unsystematisch.

Wäre dies nicht der Fall, wäre es also möglich, die Netto-Gewinner und -Verlierer vorherzusagen, dann wären die Verlierer einer Versicherung nicht bereit, ihre Risiken in einen Topf mit den Gewinnern einzubringen. Sie würden im Gegenteil anstreben, ihre Risiken mit anderen «Verlierern» zu niedrigeren Beiträgen zusammenzufassen.

Betrachten wir ein Beispiel: Angenommen, eine Versicherung wollte das Verletzungsrisiko eines Akademikers, der seine Arbeit am Schreibtisch verrichtet, mit demjenigen eines Profifussballers teilen. In diesem Fall ist es nicht schwierig vorherzusagen, dass der Akademiker wahrscheinlich als Verlierer aus der Vereinbarung hervorgehen würde – eine Verletzung im Rahmen einer Schreibtischtätigkeit ist eher unwahrscheinlich, Verletzungen eines Fussballspielers sind jedoch kaum zu vermeiden. Die Beiträge des Akademikers hätten das erheblich höhere Verletzungsrisiko des Fussballspielers zu decken.

Differenzierter Versicherungsmarkt

Selbst wenn aber die Versicherten systematisch vorhersagbare Gewinner und Verlierer nicht erkennen würden, würde der freie Wettbewerb auf dem Versicherungsmarkt eine systematische Umverteilung zwischen den Versicherten beseitigen. Auf einem freien Versicherungsmarkt würden jene Anbieter, die systematische Umverteilungen vornehmen (also Versicherungsnehmer mit objektiv unterschiedlichen Risiken in einem Topf zusammenfassen), durch Wettbewerber verdrängt werden, die eine solche Umverteilung nicht vornehmen. Wenn also ein Versicherungsanbieter erkennt, dass Schreibtischtätigkeiten wenig gefährlich sind – Büroangestellte fallen eher selten einfach so vom Stuhl –, könnten sie dieser Versicherungsgruppe niedrigere Prämien anbieten. Professionelle Athleten würden entsprechend in einem anderen Topf versichert. Durch niedrigere Prämien würde der Anbieter selbstverständlich jene Kunden anlocken, die zuvor fehlversichert waren. Andrerseits müssten jene Anbieter, die zuvor ihre Kunden falsch gruppiert hatten (also Kunden mit geringen Risiken mit jenen mit hohen Risiken aggregierten), die Beiträge ihrer risikoreichen Kunden auf das angemessene Niveau anheben.

Der Wettbewerb auf dem Versicherungsmarkt führt damit zu immer feiner aufgeteilten Untergruppen an Versicherten, die wiederum in sich homogener sind. Eine solche Diskriminierung erfolgt entsprechend den tatsächlichen Gruppenrisiken, die Beiträge würden demgemäss die tatsächlichen Versicherungsrisiken wiedergeben. Im Durchschnitt hätte der Wettbewerb einen kostensparenden Einfluss auf die Versicherungsbeiträge.

Um einen Kunden der passenden Risikogruppe zuteilen zu können, muss ein Anbieter nach einer Reihe von Kriterien differenzieren. Etwa im Falle von Versicherungen gegen Fluten, Stürme, Erdbeben oder Feuer müssten geographische Kriterien herbeigezogen werden. Im Falle einer Krankenversicherung wären biologische oder genetische Merkmale sinnvoll. Auch Kriterien in Hinblick auf das Verhalten der Kunden könnten Berücksichtigung finden: Raucher vs. Nichtraucher, Beschäftigungsformen mit unterschiedlichen Risikoprofilen usw.

Die Grenzen der Versicherbarkeit

Eine entscheidende Frage bleibt: Gibt es auch Risiken, gegen die man keine Versicherung abschliessen kann? Der Ökonom Ludwig von Mises schränkte in seinem Standardwerk *Human Action* in Kapitel 6, Abschnitt 3 Ereignisse, die versichert werden können, auf «riskante Ereignisse» ein. Um diese zu definieren, wandte er das Konzept der «Klassenwahrscheinlichkeit» an:

> In Hinblick auf dieses Problem wissen wir alles über eine ganze Klasse von Ereignissen oder Phänomenen (oder glauben es zu wissen); doch über die tatsächlichen einzelnen Ereignisse oder Phänomene wissen wir nichts, ausser dass sie Elemente dieser Klasse sind.

Für diese Definition nennt Mises einige Beispiele, etwa dieses:

> Wir besitzen einen Überblick über die Sterblichkeit über einen gewissen Zeitraum in einer bestimmten Region. Wenn wir davon ausgehen, dass sich die Sterblichkeit nicht wesentlich verändern wird, können wir behaupten, dass wir alles über die Sterblichkeit der fraglichen Population wissen. Doch in Hinblick auf die Lebenserwartung eines Individuums können wir keine Aussage treffen, ausser dass es Mitglied dieser Klasse ist.

Ein weiteres Beispiel:

> Angenommen, zehn Lose werden in eine Kiste gelegt, wovon jedes den Namen eines anderen Mannes trägt. Ein Los wird gezogen, und der Mann, dessen Name darauf steht, muss 100 Franken zahlen. Ein Versicherungsanbieter kann dem Verlierer nun anbieten, ihm seine Verluste zu erstatten, wenn dieser es schafft, dass alle Teilnehmer eine Versicherungsgebühr in der Höhe von 10 Franken einzahlen. Der Anbieter sammelt also 100 Franken ein und zahlt dieselbe Summe an einen der zehn Teilnehmer aus. Wenn er dagegen nur einen der Teilnehmer zu dieser Rate versichern würde, würde er kein Versicherungsgeschäft betreiben, sondern ein Glücksspiel.

Mises beendet seine Ausführungen mit folgender Feststellung:

> Für eine Versicherung ist es wesentlich, dass sie sich allein mit Ereignissen einer Klasse befasst. Da wir davon ausgehen, alles über das Verhalten der gesamten Klasse zu wissen, scheint das Geschäft mit keinem spezifischen Risiko behaftet zu sein. Ebenso besteht kein spezifisches Risiko im Betrieb einer Spielbank oder Lotterie. Aus Sicht des Lotterie-Anbieters ist das Ergebnis vorhersehbar, sofern alle Lose verkauft wurden. Bleiben dagegen manche Lose unverkauft, befindet sich der Anbieter in einem ähnlichen Verhältnis zu diesen, wie jeder Lotterieteilnehmer in Hinblick auf das erstandene Los.

Der Einfluss der Versicherten

Bei dieser Ausführung ist von Bedeutung, dass eine «Klassenwahrscheinlichkeit» jede Form der systematischen Umverteilung ausschliesst: Wenn ich über das individuelle Risiko einer Person nichts weiss, ausser dass sie Mitglied einer Gruppe mit einem bekannten Gruppenrisiko ist, dann muss jede Umverteilung zufällig ausfallen. Ausserdem wird deutlich, dass die individuellen Teilnehmer einer Risikogruppe unter sich homogen sind. Innerhalb der Gruppe können wir nicht einen Fall vom anderen unterscheiden. Das versicherte Ereignis tritt somit in Form eines Unfalls ein – es ist für das Individuum unvorhersehbar.

Damit kehren wir zurück zur Frage, welche Art von Ereignissen nicht versichert werden kann. Wann also können Risiken nicht aggregiert werden?

Ein nicht versicherbares Risiko ist eines, auf das die folgende Bedingung zutrifft: Wenn wir in Hinblick auf ein bestimmtes Einzelrisiko alle oder einige der Faktoren kennen, die sein Eintreten bestimmen, dann kann es nicht mehr länger als unfallartig oder zufällig betrachtet werden. Dies trifft insbesondere auf menschliche Handlungen zu, d.h. auf Ereignisse, die individuell beeinflusst werden können. Anders formuliert: Alles, was unter der teilweisen oder vollständigen Kontrolle eines Individuums steht, kann nicht versichert werden, sondern fällt in den Bereich persönlicher oder individueller Verantwortung.

Jedes Risiko, das also durch die eigene Handlung beeinflusst wird, ist somit nicht versicherbar; nur Risiken, die nicht individuell kontrolliert werden können, sind versicherbar, und nur wenn es dazu eine langfristige Zufallsverteilung gibt. Damit wird deutlich: Wenn ein Ereignis kontrollierbar wird, das zuvor unkontrollierbar war, verliert es seine Versicherbarkeit. Naturkatastrophen wie Fluten, Stürme, Erdbeben oder Feuer sind offensichtlich versicherbar. Diese Ereignisse können durch das Individuum nicht beeinflusst werden. Das Individuum weiss nichts über sein persönliches Risiko, ausser dass es zu einer Gruppe gehört, die als solche dem Risiko einer Flut, eines Erdbebens oder eines Feuers ausgesetzt ist.

Im Gegensatz dazu betrachte man das Risiko, am nächsten Tag Selbstmord zu begehen. Wäre es möglich, sich dagegen zu versichern, also das eigene Risiko mit dem anderer zu aggregieren? Die Antwort sollte offensichtlich sein: Kein Versicherungsanbieter könnte ein solches Geschäft betreiben. Schliesslich besitze ich vollständige Kontrolle darüber, ob ich mir bewusst das Leben nehme oder nicht. Offensichtlich würde eine Selbstmord-Versicherung selbstmordgefährdete Kandidaten anziehen. Man könnte sich bei einer solchen Versicherung anmelden, um dem Ehepartner einen Gefallen zu tun, indem man sich erschiesst und dem Partner eine Millionensumme zukommen lässt. Der Anbieter einer solchen Versicherung würde also nicht lange auf dem Markt bestehen.

Ein anderes Beispiel: Wäre es möglich, sich gegen das Begehen einer Brandstiftung zu versichern, also das Risiko, das eigene Haus niederzubrennen? Wiederum scheint die Antwort offensichtlich, dass ein Ereignis, welches ich selbst herbeiführen kann (oder dessen Wahrscheinlichkeit ich massgeblich beeinflussen kann), streng genommen nicht versicherbar ist. Das Risiko, dass mein Haus durch einen Blitz in Brand gesteckt wird, kann also versichert werden. Das Risiko, dass ich selbst mein Haus in Brand stecke, jedoch nicht.

Sind soziale Risiken versicherbar?

Damit kommen wir zur Frage, ob ein Ereignis wie die Arbeitslosigkeit versichert werden kann. Tatsächlich unterhält praktisch jedes westliche Land eine «Arbeitslosenversicherung». Leider hantiert die Politik allzu oft mit unsinnigen Begriffen oder Bezeichnungen, meist mit der Absicht, Menschen in die Irre zu führen. Indem man Worte ändert, gaukelt man vor, Sachverhalte ändern zu können.

Denn es gibt gute Gründe für die Feststellung, dass Arbeitslosigkeit ein nicht versicherbares Risiko darstellt: Jeder Mensch hat massgeblichen Einfluss darauf, ob er eine Beschäftigung hat oder nicht. Indem ich etwa meinen Vorgesetzten angreife, kann ich kurzerhand meinen Beschäftigungsstatus ändern. Ebenso kann ein Beschäftigungsverhältnis gesichert werden, indem man die Bereitschaft zeigt, Lohnkürzungen hinzunehmen. Umgekehrt kann ich mich dauerhaft arbeitslos machen, indem ich z.B. auf einem Stundenlohn von 1000 Franken bestehe. Die Eintretenswahrscheinlichkeit des Ereignisses einer Beschäftigung oder Nicht-Beschäftigung kann somit durch das Individuum beeinflusst oder kontrolliert werden. Damit ist es kein versicherbares Risiko und fällt in den Bereich der persönlichen Verantwortung.

Diese Analyse führt übrigens auch zu bedeutenden Erkenntnissen in Hinblick auf die so genannte Krankenversicherung, also die Versicherung des Risikos, sich nicht gut zu fühlen oder morgens nicht aus dem Bett zu kommen. Keine Versicherung könnte ein solches Risiko garantieren, da jeder Mensch eine gewisse Kontrolle darüber hat, wie er sich am Morgen fühlt. Wenn ich gegen dieses Risiko versichert wäre – also bezahlt würde, wenn ich mich morgens nicht so gut fühle –, dann kann man davon ausgehen, dass ich mehr Zeit im Bett verbringen würde, als es gegenwärtig der Fall ist.

Auch in diesem Fall kann also niemand behaupten: «Ich weiss nichts über dieses Risiko, ausser dass ich ein Mensch bin, und dass alle Menschen mit einer gewissen Häufigkeit mit diesem Risiko konfrontiert sind.» In Wahrheit weiss jedes Individuum deutlich mehr über persönliche gesundheitliche Risiken.

Betrachten wir ein weiteres Beispiel, über das eine gewisse Kontrolle ausgeübt wird: Kann man ein Unternehmen gegen das Risiko eines Verlustes versichern? Offensichtlich nicht. Obwohl kein Unternehmer direkte Kontrolle über das Verhalten seiner Kunden hat (also jene, die unmittelbar über Gewinn und Verlust entscheiden), so hat er doch eine gewisse Kontrolle über den Erfolg oder Misserfolg seines Geschäfts. Der Unternehmer kann seine Produktionskosten beeinflussen, die Qualität und den Preis seines Produkts. Er ist auch in der Lage, absichtlich Verluste zu erwirtschaften. Es wäre daher unmöglich, sein Risiko mit den anderen Unternehmen zusammenzufassen, so als würden Verluste eintreffen wie Blitzschläge.

Welche Aussage lässt sich damit in Hinblick auf eine Krankenversicherung treffen? Eine Erkrankung kann nur versichert werden, sofern ihr Eintreten innerhalb einer Gruppe von Fällen rein zufällig ist. Dies trifft auf einige Arten von Unfällen zu, auch einige Arten von Erkrankungen wie etwa gewisse Formen von Krebs. Viele andere Erkrankungen fallen jedoch in den Bereich individueller Kontrolle und Verantwortung. Derartige Ereignisse können nicht versichert werden: Die durch sie verursachten Kosten müssen durch individuelle Vorsorge gedeckt werden.

Das unvermeidliche Scheitern der Sozialversicherungen

Sowohl in Hinblick auf die Kranken- wie auf die Arbeitslosenversicherung wird die Tatsache, dass einige Ereignisse schlicht nicht versichert werden können, in der öffentlichen Debatte leider vollständig ignoriert. Schon 1922 schrieb Ludwig von Mises:

> Die intellektuellen Verfechter der Sozialversicherung und die Politiker und Staatsmänner, die sie einführten, betrachteten Krankheit und Gesundheit als zwei völlig unterschiedliche Zustände des menschlichen Körpers, die jeweils problemlos und zweifelsfrei erkannt werden können. Jeder Arzt könnte demnach die Eigenschaften einer «Gesundheit» diagnostizieren. «Krankheit» wäre eine körperliche Erscheinung, welche sich unabhängig vom menschlichen Willen offenbart und durch diesen nicht zu beeinflussen ist.

Diese Überlegung kritisiert Mises scharf:

Jede Aussage dieser Theorie ist falsch. Es gibt keine klare Grenze zwischen Krankheit und Gesundheit. Krankheit ist keine vom bewussten Willen und den physischen Kräften des Unterbewusstseins unabhängige Erscheinung. Die Arbeitskraft eines Mannes ist nicht allein das Resultat seiner physischen Verfassung, sie hängt wesentlich von seinem Verstand und seinem Willen ab. Die gesamte Vorstellung, es wäre mittels einer medizinischen Untersuchung möglich, die Tauglichen von den Untauglichen und Simulanten oder die Arbeitsfähigen von den Arbeitsunfähigen zu unterscheiden, erweist sich als unhaltbar. Jene, die glaubten, eine Unfall- und Krankenversicherung könnte sich auf wirksame Methoden der Identifikation von Krankheit und Verletzung und ihrer Folgen stützen, irrten sich völlig. Die zerstörerische Eigenheit der Unfall- und Krankenversicherung liegt jedoch in der Tatsache, dass derartige Institutionen Unfälle und Krankheit befördern, Heilung behindern, und häufig die funktionalen Störungen, die auf Krankheit oder Unfall folgen, erst erzeugen oder verstärken und verlängern.

Für eine Arbeitslosen- wie für eine Krankenversicherung gilt damit: Ein Grossteil der Risiken wäre durch das Individuum zu tragen. Eine Versicherung (also die Aggregation individueller Risiken innerhalb von Gruppen) wäre beschränkt auf die zufällige Form des Risikos – und selbst dort besteht eine Gefahr, dass Individuen sich bemühen, den Versicherungsfall betrügerisch herbeizuführen. Verdeutlicht wird dies am Beispiel von Lohnfortzahlungen im Krankheitsfall, die stärker in Anspruch genommen werden, wenn sie leichter erhältlich sind.

Ebenso müssten Versicherungsanbieter ihr Angebot streng abgrenzen: Unbekannte Risiken können nicht abgedeckt werden. Auch kann über eine Kostenerstattung nicht hinausgegangen werden (wenn also mein Haus abbrennt, kann ich meine Versicherung nicht zwingen, mir ein grösseres

Haus zu bauen). Ein Problem heutiger Krankenversicherungen ist dagegen häufig, dass alle Kosten von der Versicherung zu bezahlen sind, die von einem Arzt für notwendig befunden werden.

Individuelle Vorsorge ist notwendig

Ein Blick auf die heutigen Sozialversicherungen macht schnell deutlich, dass sie sehr wenig mit einem Versicherungsmarkt gemein haben, wie wir ihn hier beschrieben haben. Sozialversicherungen fassen laufend Individuen zu Gruppen zusammen, die sehr unterschiedliche Risikoprofile aufweisen. Sie decken darüber hinaus Risiken ab, die genau genommen nicht versicherbar sind. Sozialversicherungen erweisen sich damit nicht als Versicherung, sondern schlicht als Instrument der Sozialpolitik, also als Maschine zur Einkommens- und Vermögensumverteilung.

Die zunehmende staatliche Regulierung der Sozialversicherungen ist ein treffendes Beispiel für die Pervertierung des Versicherungsgedankens. Krankenversicherungen sind etwa gezwungen, die Behandlung von Alkoholismus zu übernehmen – ein Risiko, das zweifellos individuell beeinflusst werden kann und Menschen sehr unterschiedlich betrifft. Bei der Behandlung der Folgen von Drogensucht gilt allgemein, dass jene Menschen, die nie eine Droge anrühren, für jene zahlen müssen, die sich einem Risiko durch Drogenkonsum aussetzen. Immer häufiger sind die Versicherungsnehmer auch gezwungen, sich für Behandlungsformen oder -methoden zu versichern, die sie möglicherweise gar nicht nutzen möchten.

In Hinblick auf die besonders häufig auftretenden und kostenintensiven Herz-Kreislauf-Erkrankungen ist offensichtlich, dass diese stark durch das Verhalten der Individuen beeinflusst werden können. Hinzu kommt, dass Menschen unterschiedliche Veranlagungen in Hinblick auf die Eintretenswahrscheinlichkeit solcher Krankheiten aufweisen. Besonders absurd ist vor diesem Hintergrund, wenn Versicherungsanbietern untersagt wird, die Veranlagung ihrer Kunden zu bestimmten Risikofällen überhaupt zu erheben.

Nachdem jedoch die Versicherungsanbieter staatlicherseits gezwungen werden, immer irrationalere Geschäftsentscheidungen zu fällen, wird ihnen gleichzeitig die Möglichkeit eingeräumt, ihre Beiträge laufend zu erhöhen. Nachdem die Diskriminierung von Risiken nicht gewünscht wird, muss auch der Wettbewerb unterdrückt werden. Da sich rationale Versicherungsnehmer bei steigenden Preisen immer häufiger dem Versicherungsmarkt entziehen wollen (das kollektive Angebot entspricht schliesslich immer weniger ihren individuellen Bedürfnissen), werden sie in einem nächsten Schritt zum Erwerb einer Sozialversicherung gezwungen. Dem Anstieg der Beiträge sind damit keine Grenzen mehr gesetzt!

Nachdem der Versicherungsmarkt durch die staatlichen Versicherungen allmählich beseitigt wird, ergibt sich daraus eine klassische Interventionsspirale. Auf steigende Preise und den Versicherungszwang folgen unweigerlich Preiskontrollen – und damit Qualitätseinbrüche und Unterversorgung. Nicht zuletzt führt jedoch die politisch gewollte kollektive Finanzierung nicht versicherbarer Risiken zur Zerstörung individueller Verantwortung. Die Illusion einer Versicherung verdrängt die persönliche Vorsorge, sie erzeugt so Kurzsichtigkeit und strukturelle Grossrisiken.

Erneut erwies sich Ludwig von Mises als hellsichtig:

> Der psychische Antrieb, der jedem Lebewesen, auch dem Menschen, innewohnt, gesund zu bleiben und zu arbeiten, ist nicht unabhängig von sozialen Einflüssen. Bestimmte Umstände stärken ihn, andere schwächen ihn. Die sozialen Einflüsse etwa eines afrikanischen Stammes, der von der Jagd abhängig ist, ist gezielt darauf ausgerichtet, diesen

Antrieb zu stimulieren. Gleiches gilt für die sehr andere Umgebung der Menschen einer kapitalistischen Gesellschaft, basierend auf Arbeitsteilung und Privateigentum. Auf der anderen Seite schwächt eine soziale Ordnung diesen Antrieb, wenn sie verspricht, dass ein Mensch auch ohne Arbeit ohne wesentlichen Einkommensverlust leben kann, sollte er durch Krankheit oder aufgrund anderer Traumata an der Arbeit gehindert werden.

Jenseits des «Drei Säulen»-Mythos
Die gerechte und solide Altersvorsorge der Zukunft

Pierre Bessard

Es besteht kein Zweifel, dass die künftige Finanzierung der Altersvorsorge eine der grössten Herausforderungen aller fortgeschrittenen Gesellschaften ist. Die gegenwärtigen Umlagesysteme werden längst als problematisch erkannt, auch wenn sie nach Jahrzehnten politischer Propaganda noch eine hohe Popularität geniessen. In OECD-Ländern prognostizieren die neuesten Hochrechnungen eine knappe Verdoppelung der Abhängigkeitsrate, d.h. des Anteils der Personen über 65 Jahre im Verhältnis zu den Menschen im Erwerbsalter, von heute 28 Prozent auf 51 Prozent bis 2050.[1] Die demographischen Veränderungen bis 2050 würden eine Erhöhung öffentlicher Ausgaben im Umfang von 2% bis 3% des Bruttoinlandprodukts erforderlich machen, was im Falle der Schweiz knapp 20 Milliarden Franken entspräche – etwa ein Drittel des aktuellen Budgets des Bundes. Seit der Einführung der AHV im Jahr 1948 ist die durchschnittliche Lebenserwartung von 68 auf 83 Jahre angestiegen[2], ohne dass gleichzeitig das rechtliche Referenzrentenalter erhöht worden wäre.

Ein einfacher Weg aus dieser Sackgasse bestände selbstverständlich darin, das Referenzrentenalter zu erhöhen, um es in Einklang mit der Lebenserwartung zu bringen. Zahlreiche Staaten haben bereits diese Massnahme ergriffen, um das Referenzalter in den kommenden Jahrzehnten auf über 70 Jahre anzupassen. Interessanterweise sind es nicht nur Krisenländer wie etwa Griechenland oder Italien, die zu einer solchen Anpassung greifen, sondern viele wettbewerbsfähige Länder wie die Niederlande, Schweden oder Dänemark. Ohne einen solchen Schritt würde die Finanzierung künftiger Rentenansprüche völlig aus dem Tritt gebracht: Zusätzliche Verschuldung, Ausgabensenkung und die weitere Erhöhung von

Steuersätzen erscheinen dagegen wenig attraktiv, zumal viele Staaten bereits unter einer hohen Steuerbelastung und zum Teil unter einer hohen Staatsverschuldung leiden. Auch wenn die Schweiz in jüngsten Jahren von einem hohen Bevölkerungswachstum durch die Personenfreizügigkeit in Europa und relativ gesunden öffentlichen Finanzen dank der Schuldenbremse (die aber nicht für die Sozialversicherungen gilt!) profitieren konnte, liegt die hiesige Politik mit der Erkenntnis der dringenden Notwendigkeit eines höheren Referenzrentenalters im internationalen Vergleich stark im Rückstand. Die schrittweise Pensionierung insbesondere der Babyboomer-Generation stellt angesichts der unangepassten gesetzlichen Parameter eine noch nie dagewesene Belastung für die jungen Generationen und deren Wohlstand dar.

Es ist zu erwarten, dass die Antwort auf diese Herausforderung in jedem Land von spezifischen Faktoren abhängen wird, wie etwa den spezifischen demographischen Vorhersagen, dem erwarteten Wirtschaftswachstum, der Verschuldung, der Steuerbelastung und der Grösse des öffentlichen Sektors. Trotzdem trifft es generell zu, dass eine weitere Verschiebung der notwendigen Reformen zu noch schmerzhafteren Anpassungen in der Zukunft führen würde, sei es durch die Verringerung des Lebensstandards der Erwerbstätigen oder durch drastische Einschnitte in die Leistungen an die Rentner. Wie wir im Folgenden sehen werden, müssen kluge Reformen jedoch nicht unbedingt schmerzhaft sein; sie können im Gegenteil eine Neuorientierung des Staates sowie Steuersenkungen bewirken und damit produktive Ressourcen freisetzen.

Trotz aller Schwierigkeiten, die durch staatliche Interventionen verursacht werden, bleibt die Sicherung einer Einkommensquelle zur Finanzierung des Konsums auch nach dem Erwerbsleben selbstverständlich ein legitimes und wichtiges Anliegen. Es gilt daher, sich mit der Zukunft der Vorsorge realistisch auseinanderzusetzen unter Beachtung sowohl der Effizienz möglicher Antworten als auch der Ethik der Eigenverantwortung, der Achtung vor individuellen Eigentumsrechten und der Gerechtigkeit gegenüber den gegenwärtigen und künftigen Erwerbstätigen und Steuerzahlern. Dieser Beitrag untersucht das heutige Vorsorgesystem der Schweiz und schlägt einen Ausweg aus den Irrungen des Umlagesystems und der Überregulierung vor, der über eine Anpassung des heutigen Systems hinaus im vollen Einklang mit der liberalen Verantwortungsethik sowie den Bedürfnissen der heutigen Gesellschaft steht.

Die AHV: ein kostspieliges Ponzi-Spiel

Die Schweiz verfügt dank der kapitalisierten zweiten und dritten Säulen der Altersvorsorge über ein besser finanziertes Vorsorgesystem als andere europäische Länder. Dieser Umstand genügte in der Vergangenheit, um ihr «Drei-Säulen-System» zu einem weltweit beneideten Mythos zu überhöhen, während seine Schwächen durch regelmässige Steuererhöhungen vertuscht wurden. Obwohl die drei Säulen gegenwärtig das Einkommen der pensionierten Personen sicherstellen, verbergen sie angesichts des demographischen Wandels bedenklich überholte Strukturen und entsprechend hohe Kosten. Diese Feststellung gilt insbesondere für die Alters- und Hinterbliebenenversicherung (AHV), das staatliche Umlagesystem der Altersvorsorge.

Dieses leichtfertig als solide und sogar kostengünstig bezeichnete System geht unaufhaltsam gravierenden Defiziten entgegen. Aktuell finanzieren die der AHV zufliessenden Lohnabzüge nur noch 74% der Rentenausgaben, der Rest muss durch weitere Steuern kompensiert werden.[3] Die Anzahl Bezüger erhöht sich jedes Jahr um 50 000 Personen (mit einer über zweimal schnelleren Zuwachsrate als die Wohnbevölkerung) und beträgt bereits 2,4 Millionen Rentner, was der Hälfte der Erwerbsbevölkerung und 30 Prozent der Gesamtbevölkerung entspricht. Einer von fünf Bewohnern der Schweiz ist heute AHV-Rentner; hinzu kommen 800.000 im Ausland wohnhafte Rentenbezüger. Die Aussage, dass die Lohnabzüge bisher nicht erhöht werden mussten, ist daher trügerisch. Die Lohnabzüge (die eine zusätzliche Steuer auf die Einkommen darstellen, wie wir in Weiteren besprechen werden) müssten eigentlich um rund 40% erhöht werden, um die aktuellen AHV-Ausgaben von 41 Milliarden Franken jährlich ohne zusätzliche Besteuerung abzudecken.

Im Jahr 2015 schrieb die AHV einen Fehlbetrag von 579 Millionen Franken; bis 2030 soll dieser ohne Reform bereits bei 7,5 Milliarden Franken liegen.[4] Da der AHV-Ausgleichsfonds die flüssigen Mittel und das Vermögen nicht nur der AHV, sondern auch der Invalidenversicherung (IV) und der Erwerbsersatzordnung (EO) enthält, tragen auch diese beiden Elemente des Sozialsystems zu seinem Defizit bei. Die IV wies Ende 2014 kumulierte Schulden in Höhe von über 12,8 Milliarden Franken[5] auf, ihr jährliches Defizit liegt noch in der Grössenordnung einer halben Milliarde Franken, wobei für dessen Deckung 2011 die Mehrwertsteuer für sieben Jahre um 0,4 Prozentpunkte angehoben wurde. Die EO, die früher Überschüsse erwirtschaftete, macht seit dem ersten Jahr der Inkraftsetzung der staatlichen Mutterschaftsversicherung 2005 ebenfalls Verluste (früher boten die Unternehmen einen Mutterschaftsurlaub an). Erst mit einer weiteren Erhöhung der Lohnabzüge um 0,2 Prozentpunkte auf 0,5 Prozent ab 2011 (0,45 Prozent ab 2016, neben 8,4 Prozent für die AHV und 1,4 Prozent für die IV) konnte die EO in die schwarzen Zahlen zurückkehren. Insgesamt übersteigen die Lohnabzüge die 10-Prozentmarke.

Falsche staatliche Lösungen

Um die von der Unbeweglichkeit des Systems verursachten, steigenden Defizite einzudämmen, hat der Bundesrat bisher Massnahmen eingeleitet, die weitgehend die Lage verschlimmern. Es handelt sich nicht um tatsächliche Reformen, sondern um nachgelagerte Anpassungen, die von zusätzlichen Zugeständnissen im Bereich der Frührente geschmückt und konterkariert werden. Unter dem Strich bleibt die Flucht in eine weitere Erhöhung der Steuerlast. Die Altersvorsorge 2020 besteht zu 90 Prozent aus zusätzlichen Einnahmen, vor allem durch die Mehrwertsteuer, während die Angleichung des Referenzalters für Frauen auf 65 Jahre die Kosten etwas dämpfen soll.

Angesichts der Entwicklung der Lebenserwartung ist eine Mehrwertsteuererhöhung nicht nur wirtschaftlich, sondern vor allem ethisch problematisch. Sie hätte zur Folge, dass dem produktiven Sektor weitere Ressourcen entzogen würden; damit würde die Finanzierungsquelle der Altersvorsorge zusätzlich belastet. Die Mehrwertsteuer ist letztlich in ihren Auswirkungen nicht weniger schädlich für das Wirtschaftswachstum als jede andere Steuer. Die Mehrwertsteuer, wie der Name schon sagt, besteuert den Mehrwert, also ein Einkommen, genau wie es die Einkommenssteuer oder die Lohnabzüge tun, obwohl die Art und der Zeitpunkt der Erhebung sie als «Konsumsteuer» kategorisiert. Wie immer aber die Steuerbemessung aus administrativer Sicht gestaltet sein mag, bestraft die Mehrwertsteuer letztlich den Tausch eines Gutes oder einer Dienstleistung gegen ein Entgelt, genau wie es auch die Einkommenssteuer oder die Lohnabzüge tun. Selbst der Bundesrat merkt an, dass «im Zeitablauf Konsum notwendigerweise aus Einkommen finanziert werden muss».[6]

Die Mehrwertsteuer soll in erster Linie das Gewicht der Steuerlast verschieben, um so dem Widerstand gegen die Steuererhebung und dem beschleunigten Wachstum der Staatslast aus dem Wege zu gehen. Genau wie im Falle der Einkommenssteuer kann dies aber nicht verhindern, dass die Mehrwertsteuer private Kapitalbildung bestraft: Indem sie das verfügbare Einkommen eines Steuerzahlers schmälert und somit seine Möglichkeit zur Ersparnis einschränkt, veranlasst sie ihn dazu, weniger zu sparen, um konsumieren zu können. Unter Berücksichtigung der Tatsache, dass Ersparnisse definitionsgemäss zukünftigen Konsum darstellen, ist es schlicht unmöglich, dass eine Besteuerung des Konsums nicht zwangsläufig auch die Ersparnisse belastet.

Für arbeitsintensive Branchen kommt die Mehrwertsteuer einer schmerzlichen Lohnabgabe gleich, da der hier geschaffene Mehrwert fast ausschliesslich dem Arbeitseinsatz entstammt. Und weil die arbeitsintensiven Branchen der Wirtschaft im Allgemeinen bescheidene Löhne bezahlen, sabotiert die Mehrwertsteuer im Wesentlichen die Chancen gering qualifizierter Arbeitskräfte. Für die Finanzierung der aktuellen und künftigen Renten kann es also kaum eine schlechtere Lösung geben als eine Mehrwertsteuererhöhung. Dies nicht zuletzt angesichts eines jährlich wachsenden AHV-Finanzierungsbedarfs von über 10 Milliarden Franken (s. Tabelle).

	Ausgaben (Mio. CHF)	Lohnabzüge (Mio. CHF)	Finanzierungsbedarf aus weiteren Steuern (Mio. CHF)	In Prozent der Lohnabzüge
2014	40'866	29'948	**10'918**	36%
2015	41'797	30'222	**11'575**	38%
2016	42'540	30'620	**11'920**	39%
2017	43'165	31'064	**12'101**	39%
2018	43'687	31'554	**12'133**	38%
2019	44'719	32'079	**12'640**	39%
2020	45'240	32'589	**12'651**	39%
2025	53'052	35'409	**17'643**	50%
2030	60'926	38'188	**22'738**	60%
2035	69'798	41'235	**28'563**	69%

Tabelle 1: **Finanzierungsbedarf der AHV** (Quelle: Bundesamt für Sozialversicherungen 2015)

Es ist also völlig illusorisch zu erwarten, dass die Bürger die institutionelle Unbeweglichkeit der AHV (neben der IV und der EO) durch Steuererhöhungen kompensieren könnten, ohne dabei eine spürbare Senkung ihres relativen Lebensstandards erleiden zu müssen. Gemäss offiziellen Hochrechnungen soll die durchschnittliche Lebenserwartung bis 2050 um fünf weitere Jahre steigen und damit 88 Jahre erreichen.[7] Ohne eine wirkliche Reform, die eine erhebliche Verlängerung des Erwerbslebens berücksichtigt, könnte der Lebensstandard in der Schweiz aufgrund der Rentenfinanzierung um bis zu 20 Prozent sinken.[8] Eine erwerbstätige Bevölkerung, die zur Finanzierung einer steigenden Anzahl untätiger Personen gezwungen wird, wird sowohl in ihrem Wohlstand als auch in ihrer Wahlfreiheit eingeschränkt.

Das moralische Defizit der AHV

Auch wenn das finanzielle Desaster einer nicht reformierten AHV offenkundig ist, finden sich nur wenige, die für die Beseitigung des Umlagesystems plädieren. Populär ist dagegen das oberflächliche Argument, der Staat wäre moralisch verpflichtet, ein obligatorisches Rentensystem zur Verfügung zu stellen, das finanzielle Sicherheit im Alter garantieren soll. Dieser Standpunkt übersieht jedoch die Natur der real existierenden AHV. Denn diese stellt keine Versicherung dar, sondern entspricht einem (in anderen Bereichen illegalen) Ponzi-Spiel, das darin besteht, die Einzahlungen der aktuellen Beitragszahler zu benutzen, um die Ansprüche früherer Einzahler zu befriedigen.[9] Die Besonderheit der AHV ist nur, dass hier jeder Erwerbstätige gezwungen wird, einen Teil seines Einkommens diesem Spiel zu übergeben. Die den Löhnen abgezogenen Mittel werden im Falle der AHV also nicht investiert, sondern direkt den aktuellen Leistungsbezügern übertragen. Die AHV schafft keinen Wohlstand, sie verlagert ihn nur; alle Leistungen, die eine Person über ihre Einzahlungen hinaus bezieht, gehen auf Kosten eines Anderen. Dies ist keine Nebensächlichkeit: Viele Bürger sind angesichts der Regierungspropaganda in Sachen AHV der festen Überzeugung, sie hätten tatsächlich Gelder für ihre Rente angesammelt.

In Wahrheit wird die AHV also zu Unrecht als «Versicherung» bezeichnet. Es kann nicht davon ausgegangen werden, dass die Rentenbezüger «Beiträge» entrichtet haben, durch die sie einen Rentenanspruch gewinnen. Die erste Generation von AHV-«Versicherten» etwa erhielt eine Rente, ohne ins System überhaupt oder genügend eingezahlt zu haben. Sie profitierte wie in einem Schneeballsystem auf Kosten künftiger Einzahler. AHV-Lohnabzüge sind keine Einzahlungen in ein persönliches AHV-Konto, wie dies der offizielle AHV-Ausweis und die persönliche AHV-Nummer suggerieren könnten. Es handelt sich bei diesen Abzügen schlicht um eine Steuer, die nach einem Umlageverfahren unmittelbar an die Bezüger verteilt wird. Da die AHV keine Lohn- oder Einkommensobergrenze kennt, ist die AHV-Steuer richtig betrachtet eine zusätzliche proportionale Einkommenssteuer von 8,4 Prozent (7,8 Prozent für selbständig Erwerbende). Dies gilt auch für die Gewinne von Personengesellschaften und Einzeltransaktionen, was den meisten unselbständigen Angestellten schlicht unbemerkt bleibt, aber Neugründungen, geschäftliche Transaktionen und das Gewerbe ausserordentlich belastet. Diese Gelder, die in die unnötige staatliche Umverteilung fliessen, fehlen dann für Investitionen und die Schaffung produktiver Arbeitsplätze.

Die mit der AHV verbundene Steuerbelastung hat wesentlich dazu beigetragen, dass das Wachstumspotenzial der Schweizer Wirtschaft mit der Zeit bedeutend geschwächt wurde. Der oft gehörte Einwand, dass die AHV-Renten durch die Bezüger «konsumiert» würden und daher auch belebend für die Wirtschaft seien, ist selbstverständlich unsinnig. AHV-Renten reizen zum Konsum auf Kosten anderer Menschen an, die andernfalls dieses Geld ebenfalls konsumiert oder investiert hätten. Die AHV-Renten stellen lediglich eine Umverteilung dar und schaffen keinen wirtschaftlichen Mehrwert.

Die AHV ist somit eine ständige Quelle der Ungerechtigkeit geworden. Sie beruht seit Anbeginn auf politischer Willkür, nicht auf versicherungsmathematischen Prinzipien. Es ist kein Zufall, dass die AHV nach zehn «Revisionen» bereits mehrere Steuererhöhungen hinter sich hat: Die Spielregeln müssen ständig geändert werden. Tatsache bleibt, dass der Staat Leistungen verspricht, die er ohne regelmässige Belastung der Steuerzahler nicht finanzieren kann. Künftige Steuerzahler werden nur Renten beziehen können, die in keinem angemessenen Verhältnis zu dem stehen, was sie in Form von Lohnabzügen und Steuern selbst zu entrichten hatten.

Die AHV gibt sich dabei einen völlig unangebrachten moralischen Anschein, indem sie an die «Solidarität» zwischen den Generationen oder zwischen «Reichen und Armen» appelliert. Solidarität jedoch ist ein individuelles Empfinden und heisst gerade nicht, durch Steuerzwang eine immer grössere Anzahl erwerbsfähiger, aber pensionierter Menschen immer länger auf Kosten anderer leben zu lassen. Auch der «Generationenvertrag» ist nur eine ideologische Formel ohne Substanz. Niemand hat je einen solchen «Vertrag» unterzeichnet, sondern alle Bürger werden gesetzlich gezwungen, am Umlagesystem teilzunehmen. Dies widerspricht auch dem Gebot der gezielten Unterstützung der kleinen Minderheit von Bedürftigen: Nur 0,8 Prozent der Bevölkerung kann heute als «arm» im Sinne einer materiellen Entbehrung bezeichnet werden.[10] Die AHV beruht daher nicht auf dem Grundsatz der Solidarität, sondern eines ideologischen Kollektivismus. Auf der Basis einer Ethik, die den Respekt vor individuellen Rechten einfordert, kann die AHV daher nur als moralisch fragwürdig bezeichnet werden.

Übersehen wird auch, dass es sich bei der Gestaltung der Pensionierung um eine persönliche Aufgabe handelt. Jeder Bürger hat für sich zu entscheiden, wie tolerant gegenüber Risiken er ist, auf welche Art er für das Alter sparen will, ob er länger arbeiten will, um später komfortabler leben zu können, ob er in seine Ausbildung investieren oder ein eigenes Unternehmen gründen will. Indem die AHV jeder Person einen bedeutenden Teil ihres Einkommens durch Lohnabzüge und Steuern wegnimmt, ebnet sie all diese persönlichen Präferenzen ein und beraubt damit die jungen Generationen der Möglichkeit, ihre Zukunft nach eigenen Vorstellungen planen und gestalten zu können und bessere Vorsorgelösungen frei zu wählen. In einer offenen, diversifizierten und auf globaler Arbeitsteilung beruhenden Gesellschaft wäre die Wiederherstellung der persönlichen Wahl- und Planungsfreiheit die erste Bedingung einer erfolgreichen Sicherung der Altersvorsorge.

Wie in einem früheren Kapitel in diesem Band dargelegt (siehe S. 38 ff.), erklärt das Vetorecht der direkten Demokratie, warum die Schweiz eine kollektivistische Altersvorsorge erst rund 30 Jahre später als die meisten anderen europäischen Staaten einführte. Die AHV wurde also von den Bürgern keineswegs als notwendig empfunden. Zahlreiche Kantone hatten bereits freiwillige Rentenversicherungen eingeführt. Hinzu kamen berufliche Pensionskassen sowie private Ersparnisse. Heute gehört es zum guten Ton zu behaupten, die AHV habe die Altersarmut gelindert. Der Nachweis für diese Behauptung bleibt allerdings aus. In Tat und Wahrheit hat die AHV vor allem die gezielte Unterstützung tatsächlich bedürftiger Menschen, individuelle Lösungen nach versicherungsmathematischen Prinzipien und auch die freiwillige gemeinschaftliche oder berufliche Solidarität geschwächt. Sie hat damit der Ethik der Eigenverantwortung, dem Arbeitsethos und dem Vorsorgegedanken massiv geschadet.

Dabei schien die AHV auf den ersten Blick ihren Zweck zu erfüllen und vielen älteren Menschen ein Einkommen zu sichern. Genau dieser Zweck hätte nach Ende der Kriegswirtschaft jedoch ebenso und besser durch den einer Marktwirtschaft eigenen Prozess aus Arbeit, Ersparnis, Investition und freiwillige Solidarität erreicht werden können. Anders als die AHV wäre ein marktwirtschaftliches Verfahren individueller Vorsorge auch nicht gleich einem Ponzi-Spiel als Schneeballsystem konzipiert, welches eine ständige finanzielle

Schieflage nach sich zieht, die persönliche Verantwortung schwächt und weitgehend unfähig zur Anpassung an demographische Herausforderungen ist.

Das überholte Konstrukt der Beruflichen Vorsorge

Inzwischen ist selbst die zweite Säule der Altersvorsorge, die Berufliche Vorsorge, durch eine beständige Politisierung und Bürokratisierung zu einem ähnlichen Problemfall geworden wie die AHV – sowohl hinsichtlich der Finanzierung wie auch ihrer moralischen Fundierung. Das heutige Modell der Beruflichen Vorsorge ist ein Relikt des Paternalismus aus dem 19. Jahrhundert, das nur in dieser Form weiterbesteht, weil es zu einem Gesetz erstarrt ist. Diese rechtliche Bevormundung ist eine ständige Quelle der Ineffizienz, sei es durch überhöhte Verwaltungskosten, mangelnde Professionalität in der Vermögensverwaltung oder inadäquate Regulierungsschranken. Besorgniserregend ist: Der Staat, der sich als Treiber und Regulator der zweiten Säule geriert, gehört selbst zu den schlechtesten Pensionskassenverwaltern. Der zu lasche Betrieb und die folgenden Defizite der öffentlichen Kassen mussten schon mehrmals durch die Steuerzahler ausgeglichen werden.

Die Berufliche Vorsorge wurde 1985 zu einer rechtlichen Verpflichtung, obwohl sich schon 100 Jahre zuvor private Pensionskassen etabliert hatten. Erneut hat der Staat also die private Vorsorge ersetzt und Wahlfreiheit verunmöglicht, indem er jeden AHV-pflichtigen Angestellten dazu zwingt, der Pensionskasse seines Arbeitgebers beizutreten. Dennoch hat die Berufliche Vorsorge den strukturellen Vorteil – im Gegensatz zur AHV –, auf individuellen Ersparnissen zu beruhen. Es handelt sich in diesem Fall also nicht um ein reines Ponzi-Spiel. Doch der Versicherte trägt alle mit der Vermögensanlage und der Demographie verbundenen Risiken, kann aber dennoch keine Vertragsfreiheit zwischen sich und seiner Pensionskasse einfordern und sich damit nicht auf die disziplinierende Wirkung eines freien Wettbewerbs verlassen. Zentrale Entscheide unterliegen nicht dem Markt, sondern dem politischen Kalkül, welches aus demagogischen, wahltaktischen Überlegungen dazu tendiert, Kosten auf künftige Generationen abzuwälzen.

So ergeht es insbesondere dem «Mindestzins», gegenwärtig 1,25 Prozent (2016), der vom Bundesrat festgesetzt wird und die minimale Rendite darstellt, die die Pensionskassen anbieten müssen. Dieser Zinssatz hat eine zentrale Bedeutung in der Vergütung der ersparten Mittel zum Zweck der Vorsorge. Wenn dieser Satz zu niedrig festgesetzt wird, führt er zu einer verringerten Performance und dem Verpassen langfristiger Renditenchancen. Ein zu hoher Zinssatz kann hingegen zu übermässigen Risiken führen und die Insolvenzwahrscheinlichkeit einer Kasse erhöhen. Es ist für ein politisches Gremium schlicht unmöglich, einen «korrekten» Zinssatz zu bestimmen, wie dies der Bundesrat tut. Vielmehr besteht hier die ständige Gefahr, dass der Mindestzinssatz zum Vorteil organisierter Interessen oder aus wahltaktischen Gesichtspunkten manipuliert wird, ohne Rücksicht auf die Realität der Märkte. Eine tatsächlich angemessene und nachhaltige Rendite kann sich dagegen nur im freien Wettbewerb entwickeln.

Der Umwandlungssatz, d.h. der Prozentsatz, mit dem das Alterskapital multipliziert und in eine jährliche Altersrente umgewandelt wird, ist eine weitere Quelle politischer Willkür. Wenn dieser Satz zu hoch festgesetzt wird, bewirkt er eine ungerechte Kapitalumverteilung zugunsten der Rentner und damit ein Defizit, das später durch eine Steuerbelastung oder höhere Beiträge ausgeglichen werden müsste, um die versprochenen Renten finanzieren zu können. Der Umwandlungssatz, der gegenwärtig beim allgemein angenommen viel zu hohen Niveau von 6,8 Prozent liegt, hängt selbstverständlich vom rechtlichen Referenzrentenalter ab, das derzeit auf 65 Jahre festgelegt ist. Es ist jedoch klar, dass ein fester Kapitalstock bei einer Verlängerung der Lebenserwartung nicht gleichbleibend hohe Renten generieren kann, wenn gleichzeitig nicht das Pensionierungsalter angehoben wird. Auf dem freien Markt wäre die Festsetzung des Umwandlungssatzes ein versicherungsmathematischer Entscheid, keine politische Vorgabe mit einem damit verbundenen Missbrauchspotenzial und zahlreichen Irrationalitäten auf Kosten der zwangsweise Versicherten – wie der Fehlentscheid einer Stimmmehrheit 2010 aufzeigte, die sich gegen eine Anpassung des Satzes nach unten entschied.

Der bürokratische Wirrwarr der Beruflichen Vorsorge geht sogar noch weiter. Die Regierung legt per Verordnung auch die Anlagen fest, die eine Pensionskasse tätigen darf, und bestimmt die Obergrenzen der Anteile verschiedener Anlagekategorien. So sind seit wenigen Jahren alternative Anlagen von bis zu 15 Prozent zugelassen. Immobilienanlagen werden auf 30 Prozent begrenzt, wobei höchstens ein Drittel davon im Ausland liegen dürfen. Aktienanlagen werden wiederum auf 50 Prozent begrenzt. Solche Vorschriften sind zwangsläufig willkürlich und negieren die Dynamik der Märkte; sie spiegeln eine statische Sichtweise der Wirtschaftstätigkeit wider, abgekoppelt von der Realität und den Erfordernissen der Vermögensverwaltung und der Wahlfreiheit der Sparer.

Der Übergang zur individuellen Kapitalisierung

Aufgrund der beschriebenen Mängel des heutigen Systems ist der Übergang zur individuellen Kapitalisierung (in der Art der aktuellen dritten Säule) das Grundprinzip einer Altersvorsorge mit Zukunft. Vor allem sichert die meist auf individuellen Sparkonten beruhende Kapitalisierung ein echtes Eigentumsrecht. Das zurückgelegte Kapital gehört dem Sparer und kann übergegeben werden – im Unterschied zu Lohnabzügen und Steuern, die in der Regel sofort verwehen.

Die Kapitalisierung ist daher dem Umlagesystem auch moralisch überlegen, da die Leistungen nicht mehr zu Lasten Anderer, vor allem der jungen Generationen, ausbezahlt werden. Die Kapitalisierung stärkt damit auch die Gleichheit vor dem Gesetz, nicht nur, weil die Eigentumsrechte der Sparer respektiert werden, sondern auch, weil die Rente hier in Übereinstimmung mit den Arbeits- und Sparanstrengungen derjenigen stehen, die sie in Anspruch nehmen.

Wahre Solidarität

Eines der trügerischsten Argumente für die Erhaltung des Status quo und einer durch den Staat organisierten Vorsorge macht geltend, dass die «Solidarität» mit der Kapitalisierung abnehmen würde. Das Gegenteil trifft zu. Die Kapitalisierung ist ein Pfeiler sozialen Zusammenhalts, indem sie durch Kapitalakkumulation die freiwillige Solidarität erleichtert und zum Beispiel die Institution der Familie stärkt. Nur weil der Staat die «Solidarität» durch Besteuerung und Umverteilung zum grossen Teil monopolisiert hat, besteht der falsche Eindruck eines «sozialen» Staats. In Wahrheit schwächen staatliche Interventionen die gewachsenen Solidaritätsnetze der Zivilgesellschaft gleich zweimal: da, wo sie nehmen, und dort, wo sie austeilen. Echte Solidarität – dem Nächsten aus Überzeugung zu helfen oder ihn finanziell zu unterstützen – ist immer ein persönlicher Akt. Aus diesem Grund wird es traditionell als die erste soziale Pflicht eines Gesellschaftsmitglieds betrachtet, niemandem zur Last zu fallen. Diese echte Solidarität wird durch die Kapitalisierung der Vorsorge honoriert.

Individuelle, kapitalisierte Vorsorge entspricht dem ethischen Ideal der Marktwirtschaft: Menschen kooperieren freiwillig und gehen Verpflichtungen entsprechend ihren individuellen Fähigkeiten und Präferenzen ein. Die vom Staat organisierte Vorsorge ist hingegen nicht nachhaltig, weil sie die individuelle Wahlfreiheit und Mobilität sowie die zunehmende Vielfalt und den transnationalen Charakter des Lebens im 21. Jahrhundert ignoriert. Die individuelle Kapitalisierung nimmt dagegen diese Realität auf, indem sie die Entwicklung des investierten Kapitals mit dem Niveau der gegenseitig vorteilhaften sozialen Kooperation auf allen Märkten verbindet –

auch jenseits der nationalen Grenzen, welche ein politisiertes System notwendigerweise beschränken.

Die individuelle Kapitalisierung stärkt somit die sozialen Verbindungen durch den produktiven Tausch und die Solidarität innerhalb der Zivilgesellschaft. Diese soziale Funktion der Kapitalakkumulation, basierend auf klar definierten Eigentumsrechten, ist weitaus gerechter und effizienter als der blosse Anschein einer «Solidarität», wie er durch staatlichen Zwang und willkürliche Umverteilung hergestellt wird.

Die Grundsätze der individuellen Kapitalisierung

Es ist wichtig zu erwähnen, dass die individuelle Kapitalisierung das aktuelle Rentensystem keinesfalls durch einen noch grösseren Einfluss des Staates auf die Wirtschaft ersetzen soll. Im Gegenteil, sie stärkt systematisch die Wirtschaftsfreiheit, weil diese Freiheit eine unverzichtbare Bedingung dafür ist, dass die Renten auf seriösen versicherungsmathematischen Grundlagen beruhen können. Das heisst auch, dass ein Zurückgreifen auf Steuereinnahmen ausgeschlossen werden muss, damit es keine Verzerrungen in der Kapitalallokation gibt. Die kapitalisierte Vorsorge verlangt also eine Entpolitisierung der Altersvorsorge (mit entsprechenden Steuersenkungen), die nicht mehr von kurzfristigen politischen Entscheiden oder steuerlichen Prioritäten abhängen kann.

Der Übergang zur individuellen Kapitalisierung darf auch nicht die bestehenden Renten oder ihr Niveau in Frage stellen. Die laufenden Verpflichtungen des heutigen Systems, von dem zahlreiche Menschen abhängen, müssen weiterhin honoriert werden – doch bevor auf Ansätze einer schrittweisen Umstellung eingegangen wird, sollen einige Grundsätze der individuellen Kapitalisierung erläutert werden.

Die Kapitalisierung geschieht in der Regel auf Basis individueller Pensionskonten, die zum grossen Teil wie die heutige dritte Säule der Vorsorge funktionieren: Die Individuen würden einen bestimmten, steuerbefreiten Anteil ihres

Einkommens zum Zweck der Altersvorsorge sparen, der ihnen jedoch weiterhin eindeutig gehört und über den sie frei verfügen können. Das Konto könnte also etwa auch wie jedes andere Guthaben Erben übergeben werden. Im Unterschied zur dritten Säule sollte es hingegen keine Obergrenze des Betrags oder des Einkommensanteils geben, der dem Alterssparen gewidmet wird. Wie im Falle von Hypotheken müssen die Parameter von der Situation und den realistischen Zielen des Einzelnen abhängen.

In der Praxis wäre zu erwarten, dass die Finanzindustrie verschiedene Produkte entwickelt, die vielfältigen Risikotoleranztypen und Lebensentwürfen entsprechen. Basiskonten könnten insbesondere wenig riskante Anlagen enthalten, um ein minimales Rentenniveau zu sichern, während weitere Konten andere Erwartungen erfüllen könnten. Entscheidend ist die Vertrags- und Entscheidungsfreiheit der Teilnehmer. Sobald der Staat die Wertschriften oder die Anlagetypen anordnen würde, in welche die Pensionsfonds investieren dürften, würde er die Märkte erheblich verzerren und Willkür sowie Ineffizienzen ins System einführen.

Auch das Referenzrentenalter müsste vollständig liberalisiert werden: Es sollte auf dem Lebensentwurf, den Präferenzen und den tatsächlichen Mitteln des Einzelnen beruhen. Niemand müsste sich bereits bei Arbeitsmarkteintritt entscheiden, in welchem Alter er seine Rente antreten möchte. Während des Erwerbslebens sollte es möglich sein, persönliche Pläne und Beitragszahlungen an die Vorsorge flexibel anzupassen. Anpassungen des Rentenalters stünden dabei immer in einem klaren Zusammenhang mit der Rentenleistung: Eine höhere Rente im Fall einer Verlängerung des Erwerbslebens wäre ebenso möglich wie eine niedrigere Rente im Fall einer Verkürzung. Diese Anpassungen würden jedoch nach fundierten versicherungsmathematischen Regeln vorgenommen und nicht mehr gemäss willkürlichen politischen Regulierungen.

Ein übliches Argument gegen die Kapitalisierung ist, dass eine solche Lösung die Renten zu sehr den Marktrisiken unterwerfen würden. Diese Ansicht ist jedoch haltlos: Sparen und Investieren in Hinblick auf die Pensionierung ist eine langfristige Angelegenheit, jenseits kurzfristiger Schwankungen. Darüber hinaus zwingt gerade die Kapitalisierung die Sparer nicht, alles auf eine Karte zu setzen. Die Kapitalisierung eröffnet im Gegenteil zahlreiche Investitions- und Sparproduktmöglichkeiten entsprechend den individuellen Bedürfnissen und Präferenzen. Ein gut konzipierter individueller Pensionsplan würde daher auch zum Beispiel vorsehen, aus den volatilsten Anlagen rechtzeitig vor der Pensionierung auszusteigen, um Kapitalverlustrisiken zu minimieren.

Der Übergang zur individuellen Kapitalisierung würde notwendigerweise zu höheren Renten als bisher führen. Die Kapitalakkumulation hätte zuerst eine positive Wirkung auf das Wirtschaftswachstum und damit auf die Steigerung der Einkommen. Es ist auch wahrscheinlich, dass zahlreiche Personen die Wahl treffen würden, das Erwerbsleben später als mit 65 Jahren zu verlassen, was mehr Wohlstand für sie selbst und die Wirtschaft schaffen und den Lebensstandard der ganzen Gesellschaft erhöhen würde.

Der AHV ein Ende setzen

Die Aufhebung der AHV kann als ein allzu gewagtes Gedankenspiel erscheinen. Sie ist aber notwendig, nicht nur angesichts der mit dem demographischen Wandel verbundenen finanziellen Engpässe, sondern auch ethisch im Sinne der Wiederherstellung der dringend notwendigen individuellen Wahlfreiheit. Die Aufhebung der AHV ist also ein notwendiger Reformschritt für den Übergang zur individuellen Kapitalisierung.

Die AHV entspricht, wie wir gesehen haben, nicht den Bedürfnissen der Gesellschaft, sondern ist ein Relikt einer kollektivistischen Kultur, die an die Fliessbandproduktion der

Nachkriegszeit erinnert. Es gilt sich bewusst zu machen, dass die AHV erst seit 1948 in Kraft ist und auf einer Gesetzgebung beruht, die jederzeit verändert werden kann. Auch wenn eine Reform im aktuellen politischen Kontext wenig wahrscheinlich erscheint, ist es wichtig anzuerkennen, dass Lösungen zur graduellen Aufhebung der AHV bestehen, ohne unüberwindbare «Übergangskosten» und ohne eine «Revolution». Verwerfungen wären vielmehr wahrscheinlich, wenn weiter am AHV-Modell festgehalten würde. Der entscheidende Punkt einer Reform ist aber, dass sie weder die gegenwärtigen Rentner benachteiligt, noch die Erwerbstätigen bestraft, die heute gezwungen werden, am Umlagesystem teilzunehmen.

Erhöhung des Referenzalters

Die zentrale Massnahme zur Aufhebung der AHV ist die progressive Erhöhung des rechtlichen Referenzrentenalters im Einklang mit der Erhöhung der Lebenserwartung. Diese Massnahme würde bedeutende Kostensenkungen bewirken sowie eine Steuerbefreiung aus der AHV und der Einkommenssteuer jener Personen ermöglichen, die das System nicht mehr unmittelbar in Anspruch nehmen können.[11] Damit würden Änderungen für die aktuellen Rentner vollständig vermieden. Auch die heute Berufstätigen würden durch die Erhöhung des rechtlichen Referenzalters nicht dazu verpflichtet, länger zu arbeiten. Es wäre schlicht eine Korrektur in Hinblick auf die Zahlung von AHV-Leistungen – mit entsprechenden Steuersenkungen sowohl für Unternehmen wie für AHV-Pflichtige.

Es würde naheliegen, das rechtliche Referenzrentenalter für die neuen Pensionierten von 65 auf 70 Jahre zu erhöhen (für die Planungssicherheit der Unternehmen sowie der AHV-Pflichtigen mit einer kurzen Übergangsphase von 5 Jahren für Arbeitnehmer, die bereits das 60. Lebensjahr überschritten haben), bei gleichzeitiger vollständiger Steuerbefreiung des weiteren Arbeitseinkommens einschliesslich der Abschaffung der Lohnabzüge ab 65 Jahren. Die Erhöhung des Referenzalters ist unerlässlich, um dem demographischen Wandel Rechnung zu tragen, der bisher aus demagogischen Gründen ignoriert wurde, aber längst Realität ist. Die Erhöhung des Referenzalters auf 70 Jahre würde auch den finanziellen Schock der Pensionierung der Babyboomer-Generation abmildern.

Die Steuerbefreiung würde einerseits eine mögliche Enttäuschung mildern, das System nicht so früh wie erwartet nutzen zu können, und andererseits die Arbeitskosten für Unternehmen senken und die Erwerbstätigkeit fördern.[12] Für den Staat würden keine Steuerausfälle entstehen, da er die zusätzlich generierten Einkommen andernfalls auch nicht hätte besteuern können. Die Steuereinnahmen aus anderen Steuern könnten aufgrund eines stärkeren Wirtschaftswachstums sogar steigen. Insgesamt würde diese erste Massnahme der AHV ermöglichen, ihre Kosten um etwa 15 Milliarden Franken zu senken, d.h. um 38 Prozent ihrer Ausgaben für die Altersrentenbezüger zwischen 65 und 69 Jahren (Referenzjahr 2014).[13]

Anschliessend wäre das rechtliche Referenzalter um ein Quartal pro Jahr zu erhöhen, bis die Grenze von 75 Jahren erreicht würde – bei gleichzeitiger Ausweitung der Steuerbefreiung –, damit die nötigen Anpassungen in der Wirtschaft vorgenommen werden können. Ein weiterer entscheidender Punkt ist, dass die AHV zum Zeitpunkt des Inkrafttretens der Reform keine neuen Beitragszahler mehr annehmen würde, d.h. die Jungen würden nicht mehr dazu gezwungen, die Renten anderer Leute zu bezahlen. Die entsprechenden Lohnabzüge wären selbstverständlich für sie abzuschaffen. Neu in den Arbeitsmarkt Eintretende hätten genügend Zeit, sich für ihre Vorsorge entsprechen umzuorientieren. Die Senkung der AHV-Kosten durch die Erhöhung des Referenzalters sollte auch durch eine Senkung der Mehrwertsteuer begleitet werden, im Umfang der Mehrwertsteuereinnahmen, die bisher der AHV zugeflossen sind.

Die AHV würde also graduell und ohne grosse gesetzliche Neugestaltung verschwinden. Das Ende der AHV wäre das ruhige Ende eines Systems, das nie hätte konzipiert werden sollen. Die Aufhebung der AHV würde individuelle Ersparnisse und eine Finanzplanung fördern, die den Bedürfnissen und Präferenzen eines Jeden tatsächlich entspricht. Statt umverteilt würden die Ersparnisse angelegt, was zu mehr Kapitalakkumulation, einer dynamischeren Wirtschaft und einem höheren Lebensstandard für alle, jung oder weniger jung, führen würde.

Die Berufliche Vorsorge liberalisieren

Eine weitere unerlässliche Reform ist die gründliche Liberalisierung der zweiten Säule, der Beruflichen Vorsorge. Diese Liberalisierung beinhaltet insbesondere die freie individuelle Wahl der Pensionskasse für den Angestellten und die Aufhebung der politischen Regulierungen, die versicherungsmathematische Regeln ersetzen. Dies würde den Wettbewerb zwischen den Pensionskassen beleben und eine Konsolidierung der Branche fördern. Wie oben erwähnt, tragen die Angestellten heute dagegen die Risiken eines ineffizienten Systems.

Die freie Pensionskassenwahl drängt sich aufgrund der zunehmenden Ineffizienz des heutigen Systems auf, die von bürokratischer und politischer Willkür verursacht wird. Weder die Arbeitgeber noch der Staat können Rentenniveaus per Verordnung «garantieren», wenn die Demographie und die Kapitalmärkte etwas anderes erzwingen. Die Kosten staatlicher Garantien kommen dagegen sehr teuer, wenn die Rentenversprechen nicht eingehalten werden können – ein Risiko, das nicht unterschätzt werden sollte.[14] Nur der Wettbewerb kann gesunde Regeln in der Vorsorgeverwaltung wiederherstellen, indem der Versicherte die von ihm getragenen Risiken selbst wählt.

Auch im Falle der Pensionskassen sollte sich das Angebot auf die tatsächlichen Wünsche und Bedürfnisse der Individuen einstellen und nicht umgekehrt. Die Banken, die

Versicherungen und die Vorsorgeeinrichtungen sähen sich so gezwungen, neue Sparprodukte und entsprechende Anlagen zu entwickeln. Die Idee einer uniformen Beruflichen Vorsorge für alle geht auf eine Zeit zurück, als eine Person noch ihr ganzes Leben lang den gleichen Arbeitsplatz behielt. Spätestens mit der Intensivierung der internationalen Arbeitsteilung ist die Unbeweglichkeit der zweiten Säule eindeutig überholt.

Lediglich jene Kreise, die gegenwärtig gesetzliche Privilegien geniessen, sprechen sich gegen eine Wahlfreiheit im Bereich der Altersvorsorge aus. Zu erwarten wäre, dass eine Liberalisierung zu einer Steigerung der Produkt- und Dienstleistungsqualität im Finanzplanungssektor führen würde.[15] Die freie Wahl und der Wettbewerbsdruck hätten also eine unbestritten positive Wirkung auf die Effizienz des Systems und würden zu überlegenen Anlagenpolitiken und niedrigeren Verwaltungskosten führen.

Noten

1. Quelle: OECD, 2016.
2. Quelle: Bundesamt für Sozialversicherungen, «AHV-Statistik 2014: Tabellenteil», Bern 2015.
3. Bundesamt für Sozialversicherungen, «AHV-Statistik 2014», Bern 2015.
4. Bundesamt für Sozialversicherungen, «AHV-Finanzhaushalt, Version 2» (2015).
5. Bundesamt für Sozialversicherungen, «IV-Statistik 2014», Bern 2015.
6. Eidgenössisches Finanzdepartement, «Bericht des Bundesrates über Verbesserungen der Mehrwertsteuer (10 Jahre Mehrwertsteuer)», Januar 2005, S. 57.
7. Quelle: Bundesamt für Sozialversicherungen, «AHV-Statistik 2014: Tabellenteil», Bern 2015.
8. Christian Jaag, Christian Keuschnigg und Mirela Keuschnigg, «Alterung, Sozialwerke und Institutionen», Seco, 2009.
9. Benannt nach dem amerikanischen Betrüger Charles Ponzi, der dieses System in den 1920er Jahren anwandte und damit innerhalb von sechs Monaten zum Millionär wurde. Ein berühmter Betrug dieser Art, der während 48 Jahre bis zur Finanzkrise von 2008 lief, wurde vom amerikanischen Betrüger Bernard Madoff begangen. Die Analogie zwischen dem Umlagerentensystem und einem Ponzi-Spiel wurde insbesondere durch den Ökonomen und Nobelpreisträger Milton Friedman vertreten.
10. «Armut in der Schweiz. Ergebnisse 2007 bis 2012», Bundesamt für Statistik, Juli 2014, S. 7.
11. Die Grundsätze dieser Reform wurden von George Reisman, Ökonomieprofessor an der Pepperdine University, entwickelt. S. dazu Capitalism: A Treatise on Economics, Ottawa, Jameson Books, 1998, S. 976–977.
12. Die Steuerbefreiung sollte selbstverständlich auch für Arbeitseinkommen aus einer Tätigkeit gelten, die nach dem rechtlichen Referenzrentenalter ausgeübt wird.
13. Quelle: Bundesamt für Sozialversicherungen, Bezüger von Altersrenten in der Schweiz nach Alter, 2014, eigene Schätzungen.
14. Siehe dazu Heinz Zimmermann und Andrea Bubb, «Das Risiko der Vorsorge. Die zweite Säule unter dem Druck der alternden Gesellschaft», Zürich, Avenir Suisse, 2002, sowie Jérôme Cosandey und Alois Bischofber-

ger, Verjüngungskur für die Altersvorsorge. Vorschläge zur Reform der zweiten Säule, Avenir Suisse und Verlag Neue Zürcher Zeitung, 2012.

[15] Ibid., S. 108. Siehe auch David S. Gerber, Freie Pensionskassenwahl in der schweizerischen Altersvorsorge. Ökonomische Analyse eines Systemwechsels zu einer wettbewerblichen Gestaltung der zweiten Säule, Zürich, Verlag Rüegger, 2002.

Die Gestaltung eines rein individuellen Altersvorsorgeplans

Paolo Pamini

Die Altersvorsorge basierend auf einem Kapitaldeckungsverfahren nutzt die Vorteile der Zinseszinsen. Dennoch sind die Zusammenhänge zwischen Sparbeiträgen, Anlagezins, Altersrente und Pensionierungsalter kaum intuitiv verständlich; erst eine mathematische Modellierung ermöglicht den Vergleich unterschiedlicher Einsatzszenarien.

Die vorliegende Analyse bietet einen ersten Schritt in der Konzipierung einer nachhaltigen individuellen Altersvorsorge und beleuchtet die Wechselwirkung ihrer Grundelemente. Es kann gezeigt werden, dass individuelle Altersvorsorgepläne wenig empfindlich für die Lebenserwartung sowie das hinterlassene Vermögen sind, unterschiedliche Anlagerenditen ihre Ergebnisse jedoch bedeutend verändern.

So zeigt sich auch: Ein privater Vorsorgeplan ist nicht nur etwas für Reiche. Ein früher Beginn, die Beständigkeit des Sparplans sowie eine sorgfältige Anlage des Sparvermögens sind die Hauptkriterien eines Erfolges für alle Vorsorgende.

Die drei Elemente eines individuellen Altersvorsorgeplans

Ein durch Kapitaldeckung finanzierter Vorsorgeplan sieht eine Altersrente vor, die aus einem zuvor angesparten Vermögen finanziert wird. Ein Vorsorgeplan muss daher den Vermögensaufbau sowie den Vermögenskonsum exakt beschreiben. Der Sparplan und der Anlageplan bestimmen den Vermögensaufbau, während der Rentenplan den mit den erwünschten Rahmenbedingungen konsistenten Vermögensabbau ermöglicht. Ein Altersvorsorgeplan enthält somit drei Elemente, oder «Unterpläne», die im Folgenden vertieft beschrieben werden sollen.

Der Sparplan

Der Sparplan dient dem Aufbau jenes Vermögens, das die Altersrente finanzieren wird. Selbst bescheidene Sparbeiträge können dabei, über Jahre kumuliert, zu beträchtlichen verfügbaren Summen führen. Die flexible Modellierung eines individuellen Altersvorsorgeplans lässt die Möglichkeit offen, den erwünschten monatlichen oder jährlichen Sparbeitrag zu wählen sowie das Lebens-Zeitfenster zu bestimmen, in dem tatsächlich gespart wird. Da die persönlichen Ausgaben und das Einkommen im Laufe eines Lebens schwanken, können mangelhaft definierte Sparpläne zu grossen Einbussen führen oder sogar den Altersvorsorgeplan komplett in Frage stellen. Ratsam ist prinzipiell ein früher Einsatz des Sparens, also während der ersten Einkommensjahre. Der so garantierte lange Zeithorizont ermöglicht eine längere Reihe von kleineren jährlichen Sparbeiträgen und führt zugleich zu hohen (Zinses-)Zinsen. Das Sparpotenzial ist vor der Familiengründung besonders hoch. Leider verpassen viele junge Leute die einmalige Chance, in frühen Jahren viel zu sparen – mit entsprechenden Nachteilen für ihren späteren Lebensstil.

Der Anlageplan

Die Anlage des ersparten Vermögens im Kapitaldeckungsverfahren erlaubt die Vermehrung des Altersvermögens. Somit ist die Vermögensanlage der zweite Baustein des Vermögensaufbaus. Sie ist durchgängig ein bedeutendes Element, ab dem ersten Beitragsjahr bis zur Rentenausschöpfung (üblicherweise mit dem Tod). Jeder ersparte Franken kann und sollte bis zu seiner Nutzung in Form einer Rente angelegt werden. Dies hat praktische Konsequenzen: Ein einzelner Betrag, beispielsweise mit einer jährlichen Rendite von 6% angelegt, würde über 40 Jahre verzehnfacht![1] Während der Sparplan mit Verzichten verbunden ist, bietet der Anlageplan andererseits eine interessante Zusatzfinanzierung für den Altersvorsorgeplan. Dabei sind die mit unterschiedlichen Anlagerenditen verbundenen Risiken zu beachten, wenn auch ein sehr langer Anlagehorizont das Problem von Kursschwankungen an den Finanzmärkten natürlich eindämmt. Die unten entwickelten Zahlenbeispiele zeigen eine wichtige Tatsache auf: Bescheidene Zinssatzänderungen führen über lange Zeiträume zu beträchtlichen Änderungen des Endvermögens. Daraus folgt: Kommissionen und Gebühren sollten möglichst tief gehalten werden, und es sollte nicht unbedingt die sicherste Anlage mit entsprechend tiefer Rendite gewählt werden.

Der Rentenplan

Der Rentenplan bestimmt die Altersrente, die das ersparte Vermögen bis zum erwarteten Todesalter abbaut. Gegeben sei die erwünschte Rentendauer, dann gibt der Rentenplan an, welcher Anteil des ersparten Vermögens jährlich (oder monatlich) ausgezahlt werden darf, damit die gesamte Rentendauer abgedeckt wird. Der Rentenplan kann auch eine Erbschaft vorsehen (vielleicht sogar die Altersvorsorgefinanzierung der Enkelkinder). Er sollte mit dem Anlageplan kombiniert werden, da das noch nicht konsumierte Vermögen während der Rentenzeit weiterhin wächst.

Die relevanten Variablen eines individuellen Altersvorsorgeplans

Der Spar-, der Anlage- und der Rentenplan mögen komplex erscheinen, jedoch besteht das Grundmodell für die Altersvorsorge aus nur sieben Variablen, die miteinander in enger Beziehung stehen. Wenn sechs von ihnen gegeben sind, dann lässt sich der Spielraum der siebten Variable zeigen, innerhalb dessen der Altersvorsorgeplan realisierbar ist. Dies dient als Grundlage für die Szenarien-Entwicklung.

Die sieben Variablen sind

1. der Beginn des Sparplans, d.h. das Alter, mit dem die Finanzierung der eigenen Altersvorsorge durch Sparbeiträge beginnt,

2. das Ende des Sparplans, d.h. das Alter, in dem keine Sparbeiträge mehr geleistet werden (meist, aber nicht zwingend das Pensionierungsalter),
3. der (regelmässige oder einmalige) Sparbeitrag,
4. die Anlagerendite, d.h. die erreichbare jährliche Verzinsung des ersparten Vermögens,[2]
5. das Pensionierungsalter, ab welchem die erste Rente ausbezahlt werden soll,
6. das Todesalter oder das Rentenende, nach dem keine Rente mehr auszuzahlen ist, und
7. die erwünschte Erbmasse, d.h. der Betrag, der nach Ablauf der Rente zurückbleiben soll.

Beispiel eines individuellen Altersvorsorgeplans

Der obere Teil der Tabelle unten (Referenzszenario) enthält die sieben erwähnten Parameter, der untere Teil die mit diesem Plan finanzierbare Altersrente. Gezeigt werden das ersparte Vermögen zur Zeit des Referenzalters sowie die Anzahl Beitrags- und Rentenjahre. Die Spalte „Jährliche Verzinsung" geht von einer Verzinsung im jährlichen Rhythmus aus, so wie dies zum Beispiel bei Sparkonten der Fall ist. Die Spalte „laufende Verzinsung" berücksichtigt hingegen die sofortige Kapitalisierung aller Gewinne und ist etwa für Börsenanlagen angebrachter. Die im zweiten Fall höhere Verzinsungshäufigkeit ist der Grund für das etwas höhere kumulierte Vermögen und die höhere Altersrente. Alle nachfolgenden Szenarien gehen von einer Börsenanlage, also einer laufenden Verzinsung aus.

Der gezeigte Plan nimmt eine monatliche Einzahlung von 400 Franken während 40 Jahren an, der 25 Rentenjahre finanzieren kann. Die 5-protenziige inflationsbereinigte Rendite entspricht der langfristig durchschnittlichen Leistung der Aktienmärkte.

	Jährliche Verzinsung	Laufende Verzinsung
Alter Beginn Sparbeiträge	25	25
Alter Ende Sparbeiträge	65	65
Jährlicher Sparbeitrag	CHF 4'800	CHF 4'800
Anlagezinssatz	5%	5%
Pensionierungsalter	65	65
Lebenserwartung	90	90
Hinterlassene Erbschaft	CHF 0	CHF 0
Beitragsjahre	40	40
Rentenjahre	25	25
Einbezahltes Kapital	CHF 192'000	CHF 192'000
Vermögen bei Pensionierung	CHF 580'000	CHF 609'000
Jährliche Rente bis zum Tod	CHF 41'141	CHF 42'648

Tabelle 1: Referenzszenario

Mit risikolosen Anlagen kann diese Rendite zwar nicht erreicht werden, aber beim angenommenen langen Zeithorizont (der Börsenschwankungen ausgleicht) ist zweifelhaft, ob der langfristige Trend wirklich verpasst werden sollte. Die erwartete Rente entspricht der Kaufkraft von heutigen CHF 41 141 bzw. CHF 42 648 bei laufender Verzinsung.

Vergleich unterschiedlicher Szenarien

Mit Szenario-Rechnungen lassen sich die gravierenden Konsequenzen eines späteren Sparbeginns, die grosse Wirkung hoher Gebühren bei der Vermögensanlage sowie die eher schwache Auswirkung des Todesalters aufzeigen. Früher sparen ist demnach wichtiger, als viel zu sparen.

Angenommen, man kann nur während 20 Jahre sparen: Wie verändert sich die Rente, wenn man mit 20, 30 oder mit 40 Jahren beginnt? Die nachfolgenden Szenarien zeigen den hohen Preis eines verspäteten Sparens auf.

	(1)	(2)	(3)	(4)
Alter Beginn Sparbeiträge	20	30	40	40
Alter Ende Sparbeiträge	40	50	60	60
Jährlicher Sparbeitrag	CHF 5'200	CHF 5'200	CHF 5'200	CHF 14'135
Anlagezinssatz	5%	5%	5%	5%
Pensionierungsalter	65	65	65	65
Lebenserwartung	90	90	90	90
Hinterlassene Erbschaft	CHF 0	CHF 0	CHF 0	CHF 0
Beitragsjahre	20	20	20	20
Rentenjahre	25	25	25	25
Einbezahltes Kapital	CHF 104'000	CHF 104'000	CHF 104'000	CHF 282'700
Vermögen bei Pensionierung	CHF 615'000	CHF 373'000	CHF 226'000	CHF 615'000
Jährliche Rente bis zum Tod	CHF 43'086	CHF 26'133	CHF 15'851	CHF 43'086
Rente verglichen mit (1)	100%	60.7%	36.8%	100%

Tabelle 2: Variierender Sparbeginn

In Szenario (1) muss insgesamt deutlich weniger Geld (CHF 104 000) eingezahlt werden als im Referenzszenario in der ersten Tabelle (CHF 192 000) – dennoch wird eine leicht höhere Altersrente erreicht. Zehn Jahre Verspätung beim Beginn des Sparplans führt zu einer Rentenkürzung von fast 40%, wie Szenario (2) zeigt. Würde man erst mit 40 den Sparplan beginnen, dann ergäbe sich nur knapp 37% der Rente von Szenario

(1). Der gewaltige Einfluss des verspäteten Beginns kann auch mit Szenario (4) gezeigt werden, das dieselbe Rente wie (1) anstrebt, unter der Annahme, dass nur zwischen 40 und 60 gespart wird. Das dafür notwendige einbezahlte Gesamtkapital (CHF 282 700) ist fast 172% höher als dasjenige in Szenario (1).

All dies zeigt vor allem die Bedeutung der Zinsen – deswegen ist es wichtiger, früh mit dem Sparen zu beginnen, als viel zu sparen. Diese zentrale mathematische Botschaft ist der Schlüssel für ein privates Altersvorsorgesystem auch für einkommensschwache Personen. Solange sie möglichst früh mit dem langsamen Vermögensaufbau beginnen, können sie beachtliche Rentenleistungen erzielen.

Das Todesalter ist wenig relevant

Glücklicherweise spielt die Zeit eine wesentlich kleinere Rolle, wenn es um das erwartete Todesalter geht. Die nächste Tabelle vergleicht das Referenzszenario der ersten Tabelle (Lebenserwartung von 90 Jahren) mit einer längeren und einer kürzeren Lebenserwartung. Die Altersrenten variieren nur geringfügig mit der unterschiedlichen Lebenserwartung.

Dies ist eine nützliche Erkenntnis, zumal aus Vorsichtsgründen eine längere Lebensdauer angenommen werden darf, ohne dass man auf nennenswerte Rentenleistungen verzichten müsste. So kann vermieden werden, dass die letzten Lebensjahre finanziell ungedeckt bleiben.

	(5)	Erste Tabelle	(6)
Alter Beginn Sparbeiträge	25	25	25
Alter Ende Sparbeiträge	65	65	65
Jährlicher Sparbeitrag	CHF 4'800	CHF 4'800	CHF 4'800
Anlagezinssatz	5%	5%	5%
Pensionierungsalter	65	65	65
Lebenserwartung	95	90	85
Hinterlassene Erbschaft	CHF 0	CHF 0	CHF 0
Beitragsjahre	40	40	40
Rentenjahre	25	25	25
Einbezahltes Kapital	CHF 192'000	CHF 192'000	CHF 192'000
Vermögen bei Pensionierung	CHF 609'000	CHF 609'000	CHF 609'000
Jährliche Rente bis zum Tod	CHF 39'169	CHF 42'648	CHF 48'139

Tabelle 3: Variierende Lebenserwartung

Die beschriebenen Feststellungen implizieren ferner, dass mit nur geringen Opfern eine grosszügige Erbschaft hinterlassen werden kann. Die Szenarien in der folgenden Tabelle geben den minimalen Rentenverzicht für unterschiedliche Erbmassen an.

Die Erbschaft von 20 000 Franken in Szenario (7) ist nicht zufällig gewählt. Wenn man bei der Geburt eines Kindes ungefähr 16 000 Franken über 65 Jahre mit 5 Prozent Rendite anlegt, hat man ihm eine der AHV vergleichbare Altersvorsorge vollständig finanziert. Dies wird in Szenario (16) in der letzten Tabelle aufgezeigt.

Variable	Erste Tabelle	(7)	(8)	(9)
Alter Beginn Sparbeiträge	25	25	25	25
Alter Ende Sparbeiträge	65	65	65	65
Jährlicher Sparbeitrag	CHF 4'800	CHF 4'800	CHF 4'800	CHF 4'800
Anlagezinssatz	5%	5%	5%	5%
Pensionierungsalter	65	65	65	65
Lebenserwartung	90	90	90	90
Hinterlassene Erbschaft	CHF 0	CHF 20'000	CHF 50'000	CHF 100'000
Beitragsjahre	40	40	40	40
Rentenjahre	25	25	25	25
Einbezahltes Kapital	CHF 192'000	CHF 192'000	CHF 192'000	CHF 192'000
Vermögen bei Pensionierung	CHF 609'000	CHF 606'000	CHF 606'000	CHF 606'000
Jährliche Rente bis zum Tod	CHF 42'648	CHF 42'247	CHF 41'645	CHF 40'641
Rente relativ zur ersten Tabelle	100%	99,1%	97,7%	95,3%

Tabelle 4: Variierende Erbmassen

Die obigen Erbschaften würden somit eine sehr kluge Altersvorsorgestrategie über die Generationen einer Familie ermöglichen: Mit einem kleinen Rentenverzicht kann die Altersvorsorge der Enkelkinder finanziert werden! Jede Generation hilft der übernächsten mit einem langfristig ausgelegten Vermögensaufbauplan. Die vorliegenden Zahlenbeispiele zeigen explizit, dass eine solche Anlagestrategie auch für tiefe Einkommensverdiener möglich ist, wenn sie nur früh genug ergriffen wird. Das wohlfahrtsstaatliche Märchen einer privaten Vorsorge nur für Reiche erweist sich somit als ideologische Irreführung, ja als Betrug an jedem, der sich mit den geeigneten Erklärungen selbständig um seine Altersvorsorge hätte kümmern können. Die Berechnungen zeigen zudem, dass der

Weg zum finanziellen Wohlstand mehr mit Disziplin als mit Glück oder aussergewöhnlichen Fähigkeiten zu tun hat.

Fehler vermeiden: Reduktionen der Anlagerendite

Nicht nur der späte Beginn des Vermögensaufbaus ist nachteilig für die eigene Altersvorsorge, sondern auch tiefere Anlagerenditen. Wie Szenario (11) in der nächsten Tabelle zeigt, kann ein Rückgang der Rendite von 5 Prozent auf 4 Prozent die Rente um 30 Prozent kürzen. Sinkt die Rendite weiter auf 3 Prozent, dann hat sich die Rente mehr als halbiert, wie Szenario (12) zeigt. Steigt hingegen die Rendite wie in Szenario (10) von 5 Prozent auf 6 Prozent, dann wächst die Rente um 44 Prozent.

	(10)	Erste Tabelle	(11)	(12)
Alter Beginn Sparbeiträge	25	25	25	25
Alter Ende Sparbeiträge	65	65	65	65
Jährlicher Sparbeitrag	CHF 4'800	CHF 4'800	CHF 4'800	CHF 4'800
Anlagezinssatz	6%	5%	4%	3%
Pensionierungsalter	65	65	65	65
Lebenserwartung	90	90	90	90
Hinterlassene Erbschaft	CHF 0	CHF 0	CHF 0	CHF 0
Beitragsjahre	40	40	40	40
Rentenjahre	25	25	25	25
Einbezahltes Kapital	CHF 192'000	CHF 192'000	CHF 192'000	CHF 192'000
Vermögen bei Pensionierung	CHF 796'000	CHF 609'000	CHF 471'000	CHF 368'000
Jährliche Rente bis zum Tod	CHF 61'487	CHF 42'648	CHF 29'777	CHF 20'945

Tabelle 5: Variierende Renditen

Die Frage der Rendite hat nicht nur mit der Wahl der Anlagevehikel wie Aktien, Obligationen, Edelmetalle oder Immobilien zu tun. Noch wichtiger sind die Inflation und die Gebühren der Finanzprodukte. Beide spielen eine deutlich grössere Rolle als gemeinhin angenommen.

Die Tabelle oben kann in der Tat auch wie folgt gelesen werden: Angenommen, eine Anlagestrategie (zum Beispiel ein Anlagefonds) habe eine Rendite von 5 Prozent. Wenn die Verwaltungsgebühren sich auf nur 1 Prozent belaufen, verlieren die Sparer 30 Prozent des Endergebnisses! Die scheinbar harmlosen 1 Prozent jährlicher Gebühren verursachen beachtliche finanzielle Einbussen.

Eine ähnlich negative Rolle spielt die Inflation. Angenommen, eine Finanzanlage erbringe im Durchschnitt 5 Prozent jährlich und der Staat erhöhe die Geldmenge so, dass die Kaufkraft des Geldes sich um 2 Prozent jährlich verringert (was z.B. dem expliziten Ziel diverser westlicher Zentralbanken entspricht). Wie Szenario (12) zeigt, entspräche das Vermögen zur Zeit der Pensionierung einer Kaufkraft von nur 368 000 Franken, obwohl es nominell 609 000 Franken betrüge. Die Altersrente von nominell 42 648 Franken jährlich würde einer Kaufkraft von nur 20 945 Franken entsprechen.

Die versteckten massiven Verluste in beiden Beispielen sind die unbemerkte Schattenseite des heutigen expansiven Geldsystems und der so ermöglichten Finanzierung überholter Wohlfahrtsstaaten. Regierungen und Banken verdienen heute also Geld auf Kosten der Sparer und der Rentner.

Vergleich mit dem AHV-Ansatz

Die Kapitalisierung der Rente ermöglicht Zinsen, die in einem Umlageverfahren wie der schweizerischen AHV wegen ihrer anderen Konstruktion automatisch fehlen. Darüber hinaus gibt es bei individuellen Vorsorgeplänen keine Abhängigkeit von der demographischen Entwicklung der Bevölkerung.

Die Berechnungen in der nächsten Tabelle verdeutlichen die massive Verschwendung des Umlageverfahrens. Ein individueller Altersvorsorgeplan, der dieselbe Leistung wie die AHV erbringt, ist eben nicht nur etwas für Reiche.

Die Szenarien (13) bis (15) ergeben die Leistungen der AHV mit völlig privat finanzierten individuellen Plänen. Der jährliche Sparbeitrag wurde so kalibriert, dass die Beitrags- und die Rentenjahre sowie die Altersrente jenen der AHV entsprechen. Die Sparbeiträge hängen zwar (wie oben gezeigt) vom Anlagezinssatz ab, weichen aber nicht wesentlich von den AHV-Prämien ab. Berücksichtigt man die fehlende Umverteilung zwischen viel und gering Verdienenden, wie im Umlagesystem, so sind die Effizienzgewinne der vorliegenden Lösung erstaunlich. Die beschriebenen Sparpläne sind jedem Einkommensempfänger zugänglich und verdeutlichen, wie wünschenswert und realistisch eine vollständig privatisierte Altersvorsorge ohne staatliche Einmischung tatsächlich ist.

	(13)	(14)	(15)	(16)
Alter Beginn Sparbeiträge	25	25	25	0
Alter Ende Sparbeiträge	65	65	65	0
Jährlicher Sparbeitrag	CHF 2'099	CHF 3'075	CHF 4'452	CHF 13'726
Anlagezinssatz	5%	4%	3%	5%
Pensionierungsalter	65	65	65	65
Lebenserwartung	85	85	85	85
Hinterlassene Erbschaft	CHF 0	CHF 0	CHF 0	CHF 0
Beitragsjahre	40	40	40	0
Rentenjahre	20	20	20	20
Einbezahltes Kapital	CHF 94'455	CHF 138'383	CHF 200'360	CHF 13'726
Vermögen bei Pensionierung	CHF 354'000	CHF 385'470	CHF 421'109	CHF 354'000
Jährliche Rente bis zum Tod	CHF 28'000	CHF 28'000	CHF 28'000	CHF 28'000

Tabelle 6: Vergleich mit Umlageverfahren

Szenario (16) geht über den Vergleich mit der AHV hinaus und lässt sich gut mit den Überlegungen aus Tabelle 4 verbinden. Unter dem Motto «früh sparen ist wichtiger als viel sparen» wird hier gezeigt, wie hoch eine einmalige Einzahlung bei Geburt sein muss, damit man auf einen Schlag einen AHV-ähnlichen Vorsorgeplan vollständig finanzieren kann. Die Antwort ist verblüffend: Mit knapp 14 000 Franken und einer Anlage mit 5 Prozent Rendite kann man dem Neugeborenen das Altersvorsorgeproblem lösen. Der Schlüssel dafür liegt in 65 Jahren Zinsen.

Schlussfolgerungen

Die vorliegende Analyse zeigt, dass sich alle Bürger – reiche wie arme – eine individuelle Altersvorsorge leisten können, wenn sie früh mit der Finanzierung beginnen. Mit anderen Worten: Die individuelle Altersvorsorge ist keineswegs ein Luxus nur für Reiche. Die private Altersvorsorge erzielt beachtliche Resultate, die die enorme Mittelverschwendung des staatlichen Umlageverfahrens klar verdeutlichen.

Es ist wichtig, mit dem Sparplan früh zu beginnen (am besten bei Geburt!) und unnötige Zinsreduktionen zu vermeiden (vor allem unnötige Gebühren und den verheerenden Einfluss der Inflation). Weniger wichtig ist hingegen die Höhe der Sparbeiträge, die von längeren Zeithorizonten kompensiert werden können. Man sollte sich der Kosten der Trägheit bewusst sein, vor allem als junger Mensch, der sein erstes Einkommen verdient und es oft für den unmittelbaren Konsum ausgibt.

Praktisch unbedeutend für die Altersvorsorge ist glücklicherweise die Lebenserwartung (erneut: ganz im Gegensatz zum Umlageverfahren!). Aus Vorsicht lohnt sich die Annahme einer längeren Lebenserwartung, um sicher zu sein, dass die Rente die ganze Pensionierung finanzieren wird. Die mit der höheren Lebenserwartung verbundene Reduktion der Altersrente ist vernachlässigbar.

Aus ähnlichen Gründen ist die Entscheidung für eine Erbschaft kaum mit Rentenkürzungen verbunden. Die Kombination der Altersvorsorgepläne zwischen den Generationen innerhalb einer Familie würde die langfristigen finanziellen Wachstumsprozesse noch stärker nutzen und einen noch höheren Wohlstand mit noch tieferem Opfer ermöglichen. Man denke an eine Erbschaft, die zur Finanzierung der Vorsorge der übernächsten Generation diene. Bei den obigen Simulationen wird die ökonomische Bedeutung der Familie als stabile Institution klar erkennbar, durch welche verschiedene Generationen sich gegenseitig unterstützen können.

Selbstverständlich sind der Aussagekraft der vorliegenden Studie Grenzen gesetzt. Erstens wurde immer von konstanten Sparbeiträgen ausgegangen. Diese können auch im Laufe des Lebens variieren, je nach Sparpotential in der jeweiligen Lebensphase. Das Individuum könnte zum Beispiel viel sparen, sobald es in den Arbeitsmarkt eintritt, und die Sparbeiträge progressiv reduzieren, wenn andere grosse Ausgaben (z.B. im Rahmen der Familiengründung) seine Sparfähigkeit einschränken.

Die Anlagerendite spielt, wie gezeigt, eine wesentliche Rolle. Hier wurde mit Durchschnittswerten gearbeitet – eine feinere Modellierung sollte auch die Auswirkungen von Renditeschwankungen betrachten, die langfristige Effekte haben könnten. Negative Renditen sind insbesondere zu vermeiden, weil sie den gesamten Kapitalaufbau gefährden. Hier spielt eine hochwertige Anlageberatung eine wichtige Rolle, die eine professionelle Vermögensverwaltung implementiert und die maximalen Anlageverluste unter strikter Kontrolle hält.

Ein mit der Altersvorsorge eng verbundenes Thema ist das Invaliditätsrisiko, das die eigene Sparfähigkeit stark einschränken kann. Diesem Risiko kann gezielt mit privaten Invaliditätspolicen entgegengewirkt werden oder auch mit einem Vermögensaufbau in den jungen Jahren, wenn man tendenziell gesünder ist. Hat man den Sparplan ganz früh finanziert (im Extremfall bei Geburt), verschwindet das Invaliditätsrisiko im Zusammenhang mit der Rentenfinanzierung vollständig. Das Todesfallrisiko ist hingegen in Falle einer individuellen Altersvorsorge irrelevant, weil per Konstruktion keine Interdependenzen zwischen verschiedenen Menschen bestehen. Im Falle eines unerwartet frühen Todes hinterlässt das Individuum ein Vermögen als Erbschaft.

Angesichts der kommenden demographischen Spannungen, resultierend aus der Überalterung der Bevölkerung im ganzen Westen, gewinnt die finanzielle Bildung der Jungen eine immer grössere Bedeutung. Das in dieser Studie beschriebene Wissen kann einen Beitrag dazu leisten, eine zuverlässige Altersvorsorge über Generationen hinweg zu sichern – die entsprechenden institutionellen Weichenstellungen in der Gegenwart vorausgesetzt.

Noten

1. Die Zinseszinsformel mit jährlicher Verzinsung lautet KT = K0 * (1+i)T, mit K0 dem Kapital im Jahr t = 0, T der Anzahl Anlagejahre und i dem jährlichen Zinssatz. Im gezeigten Beispiel: 1 * (1 + 0,06)40 = 10,3.

2. Die Inflation spielt ebenfalls eine wichtige Rolle, weil sie über Jahrzehnte die Kaufkraft des ersparten Vermögens massiv reduziert und die Verzinsung vermindert. Im Folgenden wird die Inflationsrate indirekt in der Interpretation des Zinssatzes berücksichtigt: Ausgehend vom Nominalzinssatz (wie z.B. eines Sparkontos) zieht man die Inflationsrate ab, um den sogenannten Realzinssatz zu erhalten, welcher der Kaufkraftzunahme statt der Zunahme des Geldbetrags entspricht. In den nachfolgenden Beispielen ist darum der Zinssatz immer als Realzinssatz zu verstehen (d.h. inflationsbereinigt), und die prognostizierten Renten sind in heutigen Franken angegeben, d.h. sie entsprechen der Kaufkraft (in heutigen Franken), nicht der monetären Leistung.

Eine Alternative zur Kostenexplosion im Gesundheitswesen

Das Beispiel Singapur

Pierre Bessard

Das Gesundheitswesen wird oft als Wachstumsbranche betrachtet. Tatsächlich nehmen vielerorts die Ausgaben für die Gesundheitsversorgung stetig zu. Doch wie viel von diesem Wachstum ist auf eigentliche Präferenzen, wie viel auf Fehlanreize zu Überkonsum und Überangebot, Preisverzerrungen und strukturelle Ineffizienz zurückzuführen? In zahlreichen Ländern des Westens beanspruchen kollektivistische, drittparteifinanzierte Gesundheitssysteme 10 Prozent des Bruttoinlandprodukts oder mehr, Tendenz steigend. Tatsache ist: Das Gesundheitswesen verliert schnell seinen Glanz als «Wachstumsbranche», wenn Effizienzstudien berücksichtigt werden. Bei den Patienten und Versicherten führen die Kosteninflation sowie die ständig zunehmenden Ansprüche auf Gesundheitsdienstleistungen zu finanziellen Engpässen. In der Folge interveniert der Staat immer stärker mit Subventionen, Regulierung und Rationierung.

Es gibt aber eine systemische Alternative zur Verantwortungslosigkeit, die die heutigen Sozialversicherungs- oder Umlagesysteme im Gesundheitswesen plagt. Diese Alternative basiert – ähnlich wie die kapitalisierte Altersvorsorge – auf Vorsorge in Form individueller Gesundheitssparkonten, verbunden mit zusätzlichen Hochrisikoversicherungen für tatsächlich unvorhersehbare und unbeeinflussbare chronische oder schwere Krankheitsfälle. Singapur führte ein solches System bereits 1984 ein, mit überzeugenden Ergebnissen: Die Gesundheitsausgaben beschränken sich dort auf lediglich 3,5 Prozent des BIP (im Vergleich belaufen sie sich in der Schweiz auf 10,7 Prozent des BIP). Die Lebenserwartung in Singapur hat dabei längst westliches Niveau erreicht: 82 Jahre (83 Jahre in der Schweiz). Die Ärztedichte ist in Singapur relativ niedrig, das Land kennt aber trotzdem keinen Pflegemangel: Jedes Jahr werden rund 400 000 ausländische Patienten aus dem übrigen Asien oder Ozeanien in Singapur behandelt.

Singapur gehört gleichzeitig zu den wohlhabendsten Ländern der Welt, das kaufkraftbereinigte Einkommen pro Kopf ist heute höher als in der Schweiz. Die niedrigeren Gesundheitsausgaben können also keineswegs auf das Wohlstandsniveau zurückgeführt werden. Auch das oft gehörte Argument, Singapur sei eine vorwiegend asiatische Gesellschaft mit anderen Gesundheits-Präferenzen oder Bedürfnissen als eine westliche, ist bestenfalls fahrlässig: Wohlhabende asiatische Länder mit drittparteifinanzierten Gesundheitswesen wie Japan oder Südkorea weisen ähnliche Gesundheitsausgabenquoten auf wie die meisten westlichen Länder. Es sind allein die überlegenen institutionellen Rahmenbedingungen und insbesondere die daraus resultierenden marktkonformen Anreize, die die verhältnismässig niedrigere Gesundheitsausgabenquote Singapurs erklären.

Eigenverantwortung als Grundlage

In Singapur wurde nach ausführlichem Studium verschiedener anderer denkbarer Modelle das Gesundheitssparkonto eingeführt. Insbesondere das staatlich-sozialistische Gesundheitswesen Grossbritanniens, das als eines der schlimmsten der entwickelten Welt gilt, wurde als Gegenbeispiel eruiert: zu wenige Effizienzanreize für die Leistungserbringer, zu grosse Verantwortungslosigkeit der Patienten. Die Alternative der individuellen Gesundheitssparkonten wurde dagegen als praktikabler, funktionstüchtiger Ansatz entwickelt, der sich ausdrücklich von der verfehlten sozialdemokratisch geprägten Ideologie des Wohlfahrtsstaates distanziert. Das gewählte System beruht auf Eigenverantwortung, gepaart mit gezielter, einkommensabhängiger Subjekthilfe für die wenigen Menschen, die die nötigen Ressourcen für eine ausreichende Gesundheitsversorgung nicht selbst aufbringen können (rund 10 Prozent der Bevölkerung). Dieses System zeichnet sich durch eine bemerkenswerte Stabilität aus, die sich wohltuend vom chronischen Reformbedarf kollektivistisch finanzierter Gesundheitswesen abhebt.

Obwohl der Staat im singapurischen Gesundheitswesen als Akteur und Regulator durchaus präsent ist, werden über zwei Drittel (68 Prozent) der Leistungen marktwirtschaftlich finanziert. Von diesem Anteil werden wiederum 94 Prozent der Kosten direkt von den Patienten getragen. Nur 6 Prozent der privat getragenen Kosten werden von Drittparteien, nämlich Privatversicherungen, beglichen. Diese Finanzierungsstruktur vermeidet die strukturellen Überkapazitäten und Ineffizienzen, die in kollektivistisch finanzierten Systemen beobachtet werden. Singapur weist eine relativ niedrige Ärzte- und Krankenhausbettendichte auf. Dafür ist die Krankenschwesterndichte relativ hoch, was auf einen effizienten Ressourceneinsatz hindeutet. Da die Patienten ihr eigenes Geld ausgeben, werden sie zur Rechenschaft gezogen und müssen ihre Gesundheit in die eigenen Hände nehmen. Verschwendung und unnötige Leistungen werden so vermieden. Entscheide fällen die Betroffenen gemeinsam mit den Leistungserbringern; keine Drittpartei (ob Versicherer oder Staatsverwaltung) mischt sich in dieses intime Verhältnis ein. Der Staat beschränkt sich mit weniger als einem Drittel der gesamten Gesundheitsausgaben auf die Finanzierung öffentlicher, im Wettbewerb stehender Krankenhäuser und die gezielte Unterstützung bedürftiger Menschen.

Im Zentrum des singapurischen Gesundheitssystems steht Medisave, das obligatorische nationale Gesundheitssparprogramm. Monatlich muss dementsprechend jeder Bürger 6 bis 8 Prozent seines Lohns oder Einkommens in ein individuelles Gesundheitssparkonto einzahlen. Die Beiträge sind kapitalisiert und werfen Zinserträge ab. Das Medisave-Konto kann für bedeutendere Ausgaben wie Krankenhausaufenthalte, Chirurgie-Kosten oder die Pflege chronisch kranker Patienten oder auch eines nahen Verwandten verwendet werden. Bagatellausgaben darüber hinaus werden vom Patienten aus eigener Tasche bezahlt. Neben der Zweckbindung der Guthaben werden auch tägliche Höchstgrenzwerte für Behandlungen festgesetzt, die grundsätzlich den Standardtarifen der Basispflege entsprechen: Dem Patienten ist es aber völlig freigestellt, Zusatzdienstleistungen von öffentlichen Krankenhäusern oder Privatkliniken, z.B. in Form eines höheren Komforts, zu beanspruchen, wobei er die damit verbundenen Zuschläge selbst oder mittels zusätzlicher Privatversicherung separat bezahlt.

Es darf davon ausgegangen werden, dass solche Regulierungen, basierend auf einer Kombination von Vorsorge und versicherungsmathematischen Prinzipien, den Strukturen eines tatsächlich freiwilligen Systems sehr ähnlich sehen. Die Gesundheitssparkonto-Guthaben sind zwar zweckgebunden, bleiben jedoch immer im Eigentum des Inhabers und können nach dessen Tod auch vererbt werden: Es findet also keine Zwangsumverteilung oder Sozialisierung der Mittel statt, deren Fehlanreize (neben der Verletzung legitimer Eigentumsrechte) für die Misere vieler kollektivistisch finanzierten Gesundheitswesen mitverantwortlich sind.

Medisave reduziert wirksam die Patientenabhängigkeit von staatlichen Subventionen. Wohlhabende Patienten haben Anreize, auf teurere Behandlungen auf eigene Rechnung auszuweichen. Beispielsweise müssen Patienten, die in Krankenhäusern auf einem Einzelzimmer bestehen, die vollständigen Kosten selbst tragen, während Patienten in anderen Zimmerklassen nur zwischen 20 und 80 Prozent der Kosten (je nach Komfortniveau) begleichen müssen. In jedem Fall muss sich der Patient in der Höhe von 20 Prozent an den Kosten beteiligen. Dies erlaubt dem Staat, Subventionen ausschliesslich auf bedürftige Patienten in allgemeinen Krankenhausabteilungen zu beschränken.

Wirksamer Versicherungsschutz

Medisave wird durch einen freiwilligen Hochrisikoversicherungsplan namens MediShield ergänzt. Dieser Plan zahlt Entschädigungen im Falle unvorhersehbarer schwerer Krankheiten und verlängerter Krankenhausaufenthalte aus, bei denen die Gesundheitssparkontoguthaben relativ rasch aufgebraucht wären. MediShield wendet bei der Kostendeckung eine Franchise von 1500 Singapur-Dollar (1100 Franken) an und verlangt ebenfalls eine Kostenbeteiligung von 20 Prozent. Medisave-Ersparnisse können dazu benutzt werden, z.B. altersspezifische MediShield-Prämien sowie die Franchise und die Kostenbeteiligung zu bezahlen. Altersspezifische Prämien, die in kollektivistisch finanzierten Systemen aus ideologischen Gründen oft ein Tabu darstellen, erlauben eine risikogerechtere Finanzierung der Versicherung. Damit systematischer Überkonsum ausgeschlossen wird, findet eine maximale Anspruchsobergrenze von 50 000 Singapur-Dollar (36 500 Franken) pro Jahr und 200 000 Dollar (145 500 Franken) insgesamt Anwendung (zusätzlich zur individuellen Kostenbeteiligung von 20 Prozent). Damit werden die Prämien tief gehalten, und die Teilnahme der Bürger am Plan wird gefördert.

Patienten können darüber hinaus selbstverständlich zusätzliche private Versicherungsprodukte erwerben, die MediShield ergänzen. Wiederum können Medisave-Ersparnisse für diese zusätzlichen Prämien verwendet werden. Was nach einer weiteren administrativen Ebene aussieht, funktioniert in Realität ganz einfach. Ein Versicherungsnehmer mit erhöhtem privatem Schutz muss nur noch mit dem Privatversicherer interagieren. MediShield wird in die zusätzliche private Versicherung integriert. Der Privatversicherer verwaltet dann alle Auszahlungen und Prämienabwicklungen einschliesslich derjenigen unter dem MediShield-Plan.

Zuletzt führte die singapurische Regierung im Gesundheitssystem eine dritte Säule ein: MediFund stellt einen Stiftungsfonds für die bedürftigkeitsorientierte, einkommensabhängige Unterstützung von Patienten dar, die ihre Gesundheitsausgaben nicht durch Ersparnisse oder Versicherungen bezahlen können. Dies betrifft etwa ein Zehntel der Bevölkerung. Der Fonds legt auf nachhaltige Finanzierung wert, indem er allein die Zinserträge ausschüttet.

Ein selbstverstärkender Kreis von positiven Folgen

Obwohl sich der Staat keineswegs vollständig aus dem singapurischen Gesundheitssystem zurückgezogen hat, garantieren die dominierenden marktkonformen Anreize, dass die Gesundheitsausgaben relativ niedrig bleiben. Die Kombination von Zwangsersparnissen mit restriktiver Anwendung, Bezugsobergrenzen, Kostenbeteiligung und Wahlfreiheit für zusätzliche Versicherungsdeckung vermeidet jene Kostenexplosion, die die illusorische Gratiswelt der kollektiv finanzierten Gesundheitssysteme prägt – und dies ohne Einbussen bei Behandlungszugang und -qualität oder der freien Wahl der Leistungserbringer.

Über die finanzielle Eindämmung hinaus wirkt die Eigenverantwortung des vorsorgeorientierten Gesundheitssystems auch zugunsten gesünderer Lebensstile, da die Behandlungskosten die Vorsorgekosten stets übersteigen. Anstatt in einen Teufelskreis der Bevormundung zu verfallen, der immer mehr Regulierung erfordert, sind beispielsweise Raucher oder übergewichtige Personen für ihr Verhalten selbst verantwortlich – und tragen in beträchtlichem Ausmass die Kosten für die eigene Gesundheitsversorgung. Selbstverständlich ist die singapurische Regierung in vielerlei Hinsicht alles andere als zurückhaltend, wenn es um die Beeinflussung ihrer Bürger geht. Sie fördert etwa Präventionsprogramme für die Bürger gegen das Rauchen, den Mangel an körperlicher Bewegung und weitere ungesunde Verhaltensweisen. Zwischen 1992 und 2007 führte sie das «Trim and Fit»-Programm durch, das Schulkinder einem drakonischen Gewichts- und Fitnesstest unterwarf und ihnen gesunde Ernährung und körperliche Aktivität beibrachte. Das Programm soll Übergewicht unter Schulkindern je nach Altersgruppe um ein Drittel bis die Hälfte reduziert haben.

Auch für Erwachsene organisiert die Regierung Kampagnen für gesunde Ernährung, Fitnessübungen sowie gegen Stress oder Rauchen. Dieser gewohnte Paternalismus der singapurischen Regierung erscheint aus liberaler Sicht zweifellos fragwürdig. Es ändert sich dadurch aber nichts an der Wirksamkeit der grundlegenden Vorteile eines auf marktkonformen Anreizen aufbauenden Gesundheitssystems.

Transparenz der Leistungserbringer

Der private Gesundheitssektor erbringt in Singapur insgesamt 80 Prozent der medizinischen Grundversorgung und macht 20 Prozent des stationären Bereichs aus, wo öffentliche Krankenhäuser den grössten Anteil der Leistungen wahrnehmen. Tarife und Honorare im privaten Sektor sind grundsätzlich frei und werden vom Markt festgesetzt. Staatliche Leistungserbringer im ambulanten Bereich bedienen vorwiegend Patienten mit niedrigen Einkommen mit einer grundlegenden Versorgung.

Öffentliche Krankenhäuser werden als autonome nichtgewinnorientierte Unternehmen geführt. Sie werden nicht blind subventioniert, sondern müssen sich im Wettbewerb um Patienten bemühen. Ihre Tarife werden jedoch vom Staat auf der Basis von Fallpauschalen reguliert. Sie setzen damit auch Benchmarks für den privaten Sektor, der nicht ohne Mehrwert höhere Tarife verlangen kann. Dieser Wettbewerb zwischen Leistungserbringern führt zu Kostensenkungen und Innovationen und hält die Honorare wettbewerbsfähig.

Wegen der typischen Informationsasymmetrie zwischen Patienten und Leistungserbringern stellt sich trotzdem die Frage, wie Moral Hazard (verantwortungsloses Verhalten aufgrund von wirtschaftlichen Fehlanreizen) auf der Angebotsseite vermieden werden kann. Selbstverständlich spielt hier der finanzielle Druck des Patienten eine Rolle, denn er deckt ja die meisten medizinischen Leistungen aus eigenen Mitteln ab. Er bleibt aber dennoch ein Stück weit vom Leistungserbringer abhängig. Der Leistungserbringer ist natürlich einem Berufsethos verpflichtet, doch auch unter der Annahme seiner Integrität muss das Preis-Leistungs-Verhältnis auch auf der Angebotsseite wirksam optimiert werden. Singapur verlangt darum die volle Tariftransparenz aller Akteure, und zwar noch vor einer Behandlung. Ärzte müssen dem Patienten die zu erwartenden Kosten für Sprechstunde, Untersuchung und Behandlung mitteilen. Krankenhausmanager müssen gleichermassen sicherstellen, dass der Patient vor seiner Aufnahme über die geschätzten Gesamtkosten seines Aufenthalts und der Behandlung informiert wird. Krankenhaustarife müssen auch auf Informationstafeln sowie in Broschüren und gedruckten Notizen publiziert werden. Im Anschluss an eine Behandlung muss der Patient eine detaillierte, verständliche Rechnung mit allen Dienstleistungen und entsprechenden Kosten erhalten.

Damit der Patient auch über eine statistische Basis für seine Entscheidungsfindung verfügt, veröffentlicht das singapurische Gesundheitsministerium zum Preisvergleich Rechnungsbeträge für übliche Krankheiten und Behandlungen. Patienten können grundsätzlich alle Rechnungsbeträge je nach Zustand, Behandlungsablauf und Abteilungsklasse abrufen. Diese Beträge basieren auf den tatsächlichen Rechnungsbeträgen und den Behandlungsinformationen, die von den Krankenhäusern mitgeteilt werden. Um genaue, dem eigenen Gesundheitszustand entsprechende Zahlen zu erhalten, kann ein Patient auch eine persönliche Offerte vom Krankenhaus verlangen. Das Fallpauschalen-Informationssystem erlaubt zudem einen effizienten Ressourceneinsatz in den öffentlichen Spitälern, indem es Patiententypus, Behandlungen und mit ihnen verbundene Kosten klassifiziert. So bemisst sich auch die ärztliche Best Practice im Sinne von Patientenbedürfnissen und verfügbaren Ressourcen.

Lehren aus einer Erfolgsgeschichte

Singapur konnte mit seinem Gesundheitssystem die Gesundheitsausgaben auf ein vernünftiges Niveau begrenzen, und zwar nicht durch Rationierung, sondern mit ökonomischen Anreizen. Trotz dieser im Vergleich mit anderen wohlhabenden Ländern viel niedrigeren Kosten sind die Gesundheitsindikatoren mindestens vergleichbar oder gar besser als in den meisten entwickelten Ländern, Asien eingeschlossen.

Wie exportfähig ist aber das singapurische Modell? Sicherlich ist die Erkenntnis, dass Eigenverantwortung zu besseren Ergebnissen führt, universell gültig. Das Geheimnis von Singapur ist, dass Finanzierung, Versicherung und gezielte Subjekthilfe konsequent nach marktähnlichen Prinzipien getrennt wurden. Behandlungsentscheide werden nicht von Staatsfunktionären, sondern von Patienten und Leistungserbringern gefällt. Ausserdem trägt das Gesundheitssparsystem zur Kapitalakkumulation und damit auch indirekt zur Finanzierung der Wirtschaft bei. Statt Ressourcen nur zu verzehren, wird so der gesellschaftliche Wohlstand vorangetrieben. Der Unterschied zu einem Umlagesystem oder einem kollektivistischen Sozialversicherungssystem vorausbezahlter Leistungen, das die finanzielle Verantwortungslosigkeit sowohl der Patienten wie der Leistungserbringer fördert, ist also grundlegender Natur. Forschungsergebnisse zeigen, dass die

Grundzüge des singapurischen Systems durchaus auf andere Länder übertragen und je nach Einkommensniveau, Demographie und bestehendem Gesundheitssystem angepasst werden könnten.

Dabei sollte kein Zweifel bestehen: Auch ein System des Zwangssparens, verbunden mit Anwendungseinschränkungen, stellt einen schwerwiegenden Eingriff in individuelle Eigentumsrechte dar. Dennoch sind staatliche Handlungen und Ressourcenentwendungen hier viel weniger aufdringlich und umfassend als unter einem kollektivistisch finanzierten Gesundheitssystem, basierend auf Steuern oder Zwangsprämien. Das singapurische System konnte die Staatsquote in Bereich der Gesundheitsausgaben auf ein sehr tiefes Niveau beschränken. Eine Finanzierung durch individuelle Ersparnisse, aus der eigenen Tasche und durch ergänzende Hochrisikoversicherungen (die echte, risikogerechte Versicherungen und keine vorausbezahlten Leistungen sind), stellt vor allem auch die freie Wahl der Patienten und der Konsumenten hinsichtlich Behandlungen, Dienstleistungen und Leistungserbringern sicher. Sie vermeidet so auch die für Umlagesysteme typische Rationierung und individuellen Bedürfnissen unangemessene Gleichmacherei.

Drittparteifinanzierte, kollektive Systeme mit einer starken Umverteilungswirkung beruhen dagegen auf der Illusion eines unbeschränkten Zugangs zu allen möglichen Dienstleistungen. In Wahrheit muss die Politik hier aufgrund der aus der Ausschaltung der Eigenverantwortung resultierenden Kostenexplosion immer wieder und immer tiefgreifender intervenieren. Eine Interventionsspirale, die mittel- bis langfristig in die weitgehende Verstaatlichung oder zumindest umfassende Regulierung des Gesundheitswesens führt. Rationierung für die Patienten und Bevormundung der Leistungserbringer sind dann an der Tagesordnung, was unweigerlich zu Qualitätseinbussen führt. Überkonsum und Ineffizienz führen zu finanziellen Verlusten bei Leistungserbringen und Einzahlern und erzeugen schliesslich das Risiko der Verweigerung notwendiger medizinischer Versorgung.

Dabei steigen die Gesundheitskosten durchaus auch in Singapur, jedoch aus zwei akzeptablen, ja sogar erfreulichen Gründen: Einerseits tendieren wohlhabende Gesellschaften dazu, mehr Gesundheitsleistungen zu konsumieren. Andererseits erhöht die längere Lebenserwartung das Bedürfnis nach Gesundheitsleistungen im hohen Alter. Beide Herausforderungen sind damit Kennzeichen wohlhabender Gesellschaften und können am besten durch nachhaltiges Sparen und innovative Versicherungsprodukte verarbeitet werden, nicht durch zusätzliche staatliche Subventionen und Einschränkungen.

Anreize für verantwortungsbewusstes Verhalten, Vermeidung von Überkonsum, Transparenz und Wettbewerb von Leistungserbringern sind selbstverstärkende Elemente, die finanzielle Nachhaltigkeit fördern. Obwohl die Teilnahme im Medisave-System obligatorisch ist und die Regierung dem System explizite politische Ziele setzt, beinhaltet es zahlreiche intakte marktkonforme Anreize. Die überzeugende Lehre aus Singapur ist damit, dass ein nachhaltiges Gesundheitssystem auf Wahlfreiheit und auf der Verantwortung der Bewohner für ihre eigene Gesundheit und ihr eigenes Leben beruht.

Wider die Anspruchsmentalität

Eine exzessive Gesundheitsausgabenquote ist ein entscheidender Indikator für schwerwiegende systemische Mängel im Gesundheitswesen. Die grundsätzliche Schwäche eines kollektivistischen Sozialversicherungssystems ist jedoch weniger finanzieller, sondern in erster Linie ethischer Natur: Die Kostenexplosion ist in aller Regel eine Folge der Verletzung elementarer moralischer Grundsätze, nämlich der Ethik der Eigenverantwortung. Ein Gesundheitssystem, das auf Umverteilung beruht, zerstört legitime Eigentumsrechte und löst eine ungehemmte Zwangsfinanzierungs- und Regulierungsspirale aus. Ein sozialisiertes Gesundheitswesen muss daher aus moralischen Gründen als unerwünscht angesehen werden: Es geht davon aus, dass Menschen ein «Recht», also einen Anspruch auf gesundheitliche Versorgung haben, blendet aber die Frage nach den Lasten einer solchen Versorgung und der Verantwortung für den eigenen Körper, ja das eigene Leben aus.

Zweifellos hat jeder Mensch die Freiheit, jederzeit medizinische Güter und Dienstleistungen zu beziehen – dies auf Basis der Verantwortung für die eigene Gesundheit und selbstverständlich zuerst auf eigene Kosten, nicht auf Kosten Dritter. Ein «Recht», also einen Anspruch auf die Leistung anderer Menschen kann es dagegen nicht widerspruchsfrei geben. Wird ein solches «Recht» politisch postuliert und durchgesetzt, wird das ethisch fundierte, auf Verträgen beruhende Gleichgewicht freiwilligen Austausches untergraben und der Willkür Tür und Tor geöffnet. Es gibt dann keinen Austausch zwischen gleichberechtigten Partnern mehr. Leistungserbringer werden zu Staatsdienern herabgewürdigt und gesetzlich entsprechend autoritär behandelt. Anders kann ein umverteilendes Gesundheitswesen nicht durchgesetzt werden.

Gesundheit ist kein Phänomen, dass sich den Gesetzen der Ökonomie entzieht, wie oft behauptet wird. Menschen müssen sich schliesslich auch ernähren, damit sie leben können, ob sie dies wollen oder nicht. Man stelle sich nun als Gedankenexperiment vor, Ernährungskosten würden mittels einer kollektiven Hungerversicherung sozialisiert: Zweifellos würden sofort die Ernährungskosten explodieren, weil viele «Versicherte» plötzlich eine Vorliebe für gastronomische Genüsse entwickeln würden. Auch exotische Spezialitäten würden in das Angebotsprogramm aller Versicherten drängen. Neue Anbieter würden sich mit exquisiten Angeboten überbieten, das Restaurantgeschäft würde boomen – schliesslich wäre der Konsum durch Zwangsprämien kollektiv bezahlt und damit subjektiv «kostenlos». In Folge der Kostenexplosion würden auch die Hungerversicherungsprämien anziehen, viele Haushalte würden finanzielle Engpässe erleiden. Die öffentliche Hand müsste das defizitäre System zunehmend intensiv subventionieren. Schliesslich müsste die Regierung bürokratische Regulierungen zur Kostendämpfung ergreifen: Die Anzahl neuer Lebensmittelgeschäfte und Restaurants würde beschränkt, die Eröffnung neuer Geschäfte könnte verboten werden, gewisse Speisen und Lebensmittel wären im Sortiment nicht mehr erlaubt. Letztlich würden Forderungen laut werden, die «Qualität des Ernährungssystems» zu sichern, indem die Nahrungsmittelversorgung verstaatlicht wird. Die Folge wären lange Warteschlangen, enttäuschte Kunden und demotivierte Dienstleister.

All dies steht offensichtlich im krassen Gegensatz zum freien Markt, wo die Angebote durch den Effizienzdruck des Wettbewerbs und fortschreitende Innovation immer besser, vielfältiger und günstiger werden. Tatsächlich geben die Menschen heute einen viel geringeren Anteil ihres verfügbaren Einkommens für Ernährung aus als noch vor 50 Jahren (siehe Kristian Niemietz' Aufsatz in diesem Band). Der Anteil der Gesundheitsausgaben stieg dagegen aufgrund kollektivistischer Fehlanreize überproportional. Eindrücklich sind hier auch die Gegenbeispiele jener Leistungen des Gesundheitsmarktes, die sich dem Sozialversicherungswesen weitgehend entziehen, wie etwa die Laser-Chirurgie zum Zweck der Sehkorrektur: Auch hier sind die Preise dank der Dynamik des freien Markts stark gesunken. Dies zeigt, dass die Regeln des Marktes ohne weiteres auch für die Gesundheitsversorgung gelten.

Die falsche Angst vor privater Vorsorge

Die Frage nach einem Rückzug des Staates aus dem Gesundheitswesen wird heute häufig unter falschen Vorzeichen diskutiert. So werden etwa die heutigen medizinischen Dienstleistungen durch staatliche Intervention und die finanzielle Verantwortungslosigkeit der Akteure stark verteuert. Die heutigen Preise geben wenig Auskunft hinsichtlich der zu erwartenden Kostenstruktur. Darüber hinaus werden die tatsächlichen Kosten durch die Vermischung von Zwangsprämien und steuerfinanzierte Subventionen verwischt. Eine kostenlose Versorgung mit hochwertigen Gesundheitsleistungen besteht in jedem Fall auch heute nicht, im Gegenteil. Es ist davon auszugehen, dass die Versicherten aufgrund der systemimmanenten Fehlsteuerung und Ineffizienz mehr zahlen, als nötig wäre.

Es mag durchaus sein, dass eine kleine Minderheit in einem Modell privater Vorsorge nicht in der Lage wäre, selbst in vollem Umfang für notwendige medizinische Behandlungen aufzukommen. Diese Minderheit kann sich einerseits auf private, freiwillige karitative Hilfe oder, wie in Singapur, auf einen öffentlichen Fonds zur gezielten, personengebundenen Unterstützung verlassen. Sicher ist, dass in einer zivilisierten Gesellschaft kein Mensch ohne Grundversorgung sozusagen «auf der Strecke» bliebe. Dies entspricht weder der Realität unterschiedlicher Systeme noch der Erfahrung freier menschlicher Gesellschaften, wo Empathie eine Grundeigenschaft des Zusammenlebens darstellt. Echte Solidarität beruht bekanntlich auf Freiwilligkeit, nicht bürokratischem Zwang.

Angesichts der unendlichen Vielfalt und Einzigartigkeit jedes Menschen ist dagegen der sozialdemagogisch proklamierte zwangsfinanzierte Ausgleich zwischen Gesunden und Kranken, Reichen und Armen, Jungen und Alten ein konzeptioneller Irrtum und ein sicherer Weg in ein autoritäres Versorgungssystem. Mit dem oft verwendeten Drohszenario der «Zweiklassenmedizin» wird vertuscht, dass es so viele Medizinklassen geben sollte, wie es Menschen gibt. Die uniforme «one-size-fits-all» Sozialversicherung ist angesichts der Realität der vielfältigen und eigenwilligen Natur des Menschen ein untaugliches Konzept.

Wichtig ist, dass die Leistungserbringer, etwa Ärzte, die Freiheit behalten oder zurückgewinnen, ihr Urteil sachgemäss zu fällen. Die medizinische Behandlung ist von unzähligen Variablen und Optionen abhängig, die vom Verstand und Bewusstsein des Arztes je nach individueller Lage berücksichtigt, abgewogen und zusammengefasst werden müssen. Das Denken – besonders in der Medizin – muss frei bleiben! In einem kollektivistischen System sind die intellektuelle Integrität und die therapeutische Freiheit des Arztes durch bürokratische Vorgaben ernsthaft gefährdet. Bald wird der Arzt nur noch die Wahl haben zwischen dem blinden Gehorsam gegenüber der Autorität und dem regelwidrigen Versuch, mit Überzeugung gute medizinische Leistung zu erbringen.

Wie das (sicher nicht perfekte, aber bewährte) Beispiel Singapur zeigt, ist das Gesundheitswesen nicht zu einer permanenten Rechtsunsicherheit und einem endlosen Hin und Her zwischen mehr Bürokratie und mehr Kostendruck verdammt. Das Gesundheitssystem muss der praktisch und ethisch verfehlten Umverteilungsideologie den Rücken kehren, die auch in keinem anderen Wirtschaftsbereich je funktioniert hat. Hierfür ist es vor allem notwendig, das Gesundheitswesen nicht länger als einen Sektor zu betrachten, der sich nur ausserhalb der Reichweite eines freien Marktes entfalten kann. Das Gegenteil ist richtig: Die Ethik der Eigenverantwortung und des Tausches ist mit dem medizinischen Berufsethos vollkommen vereinbar. Das Gesundheitswesen ist zu wichtig, um es in die Hände der gängelnden, entmündigenden und kostspieligen staatlichen Misswirtschaft zu geben.

Literatur

Bessard, P. (2008), Challenges of Mixed-Economy Solutions in Healthcare: The Examples of Switzerland and Singapore, London: Institute of Economic Affairs.

Bundesamt für Statistik (2010), Kosten und Finanzierung des Gesundheitswesens 2008: Anhaltendes Wachstum der Gesundheitsausgaben, Mitteilung vom 9. November.

Cheong, L. N. F. (2004), Medical Savings Accounts in Singapore: The Impact of Medisave and Income on Health Care Expenditure, Stanford: Center for Primary Care and Outcomes Research, Stanford University.

Filippini, M. und Farsi, M. (2004), Effects of Ownership, Subsidization and Teaching Activities on Hospital Costs in Switzerland, Neuchâtel: Bundesamt für Statistik.

Filippini, M. und Farsi, M. (2006), An Analysis of Efficiency and Productivity in Swiss Hospitals, Neuchâtel: Bundesamt für Statistik.

Hayek, F. A. (1976), Social or Distributive Justice, in: Law, Legislation and Liberty, Chicago: University of Chicago Press, S. 62–106.

Singapore Health Ministry (2010), Singapore's Healthcare Financing System.

Steinmann, L. und Telser, H. (2005), Gesundheitskosten in der alternden Gesellschaft, Zürich: Avenir Suisse.

Taylor, R. und Blair, S. (2003), Financing Healthcare: Singapore's Innovative Approach, Note No. 261, Washington, DC: World Bank.

Wagstaff, A. (2006), Health Systems in East Asia: What Can Developing Countries Learn from Japan and the Asian Tigers?, Washington, DC: World Bank.

Wolff, F. de (2002), Planification hospitalière, vision + actions, essais de modélisation pour la Suisse, Lausanne: Institut d'Economie et Management de la Santé, Université de Lausanne.

World Health Organization (2010), WHO Statistical Information System (WHOSIS).

IV.
AUSBLICK

Der geordnete Rückzug aus dem Wohlfahrtsstaat

Robert Nef

*Das hat den Staat zur Hölle gemacht,
dass ihn der Mensch zu seinem Himmel machen wollte.*

Hölderlin

Der Staat ist der Hort des Rechts, und auf eine rechtsstaatliche Minimalbasis möchte kaum jemand verzichten. Ein durch wohlfahrtsstaatliche Überforderung wirtschaftlich und moralisch bankrotter Staat kann seine ureigenen Grundaufgaben, nämlich den Schutz der Freiheit und die Gewährleistung der Ordnung, nicht mehr wahrnehmen. Darum lohnt es sich, darüber nachzudenken, wie dieser Bankrott vermieden werden kann.

Der Wohlfahrtsstaat sollte ursprünglich jene Lücken füllen, die im Netzwerk gegenseitiger Unterstützung und Hilfe diagnostiziert worden sind. Heute ist er selbst zu einem Netz geworden, in das alle mehr oder weniger verstrickt sind. Eine Ethik des gegenseitigen Helfens basiert immer auf Freiwilligkeit. Die wahre Förderung sozialen Verhaltens braucht eine freie Gesellschaft und eine freie Marktwirtschaft, welche auf freiwillig eingegangenen vertraglichen Beziehungen beruht.

Ohne ethisches Fundament und ohne die wirtschaftlichen Voraussetzungen der Unterstützung Notleidender sind soziale Probleme nicht lösbar. Der Staat kann letztlich nicht sozial sein, und es ist unmöglich, soziales Verhalten von allen Menschen durch die Gesetzgebung zu erzwingen.

Die drei Wurzeln des Wohlfahrtsstaates

Weil der Wohlfahrtsstaat als Antwort auf echte oder vermeintliche Defizite der Industriegesellschaft geschaffen worden ist, rechnet er nicht mit mündigen Menschen. An seinem Ursprung kann man drei Wurzeln sehen, eine üble und zwei «gut gemeinte».

Die üble Wurzel des Wohlfahrtsstaats ist die Lust des obrigkeitsstaatlichen Herrschens angesichts gehorsamer und gefügiger Untertanen. Im Bestreben des «Gefügigmachens» treffen sich die Interessen der politisch Mächtigen und der industriellen Arbeitgeber, von «big government» und von «big business». Sie brauchen abhängige Staatsklienten, unselbständige Arbeitnehmer und unmündige Massenkonsumenten, die auf kontinuierliche wohlfahrtsstaatliche Leistungen derart angewiesen sind, dass man ohne Übertreibung von einer Sucht reden kann. Süchte sind durch ein gesundheitsschädigendes Verlangen nach «immer mehr» gekennzeichnet und durch die Entzugserscheinungen nach Absetzung der Droge.

Die anderen, «gut gemeinten» Wurzeln des Wohlfahrtsstaates sind vielleicht die gefährlicheren. Die eine geht von einer vorübergehenden Schutz- und Führungsbedürftigkeit der Mehrheit der Menschen aus, die durch positive Massnahmen, Hilfeleistungen und Unterstützung – von Staates wegen – schrittweise in einen Zustand grösserer Freiheit geführt werden soll. Diese «emanzipatorische» Spielart des Wohlfahrtsstaates ist unglaublich attraktiv, weil sie im Gewand der Freiheitsfreundlichkeit daherkommt. Konsequenterweise müsste sie auf eine schrittweise Selbstaufhebung und auf eine dauernde Verkleinerung des Hilfs- und Förderungsapparats herauslaufen. Tatsächlich dient aber diese Spielart etatistischer Freiheitsvermittlung dem Ausbau der Macht des Apparats. Mehr vom Staat vermittelte Freiheit (auf Kosten Dritter) geht zu Lasten echter Freiheit.

Praktisch werden die realen Misserfolge dieser sanften Gängelung in Richtung «Freiheit» dadurch kompensiert, dass man sagt, es sei noch zu wenig des Guten getan, um die tatsächliche Wende hin zu einer wirklich freien und selbstverantwortlichen Mehrheit von Bürgerinnen und Bürgern herbeizuführen. Diese Taktik der dauernden Vertröstung und des Hinausschiebens kennen wir aus der jüngeren Geschichte sozialistischer Staaten. Diese mussten in ihrer totalitären Ausprägung ohne innenpolitischen Gegner auskommen. Der wohlfahrtsstaatliche Etatismus in pluralistischen Systemen befindet sich in einer besseren Lage, als es der Sozialismus im Einparteienstaat gewesen ist. Er kann das Ausbleiben von Erfolgen oder die Unbezahlbarkeit seiner Rezepte wenigstens zum Teil dem politischen Gegner anlasten, der gerade am Ruder ist oder als Opposition den geplanten wohlfahrtsstaatlichen Ausbau vereitelt oder verzögert.

Die dritte «gutgemeinte» Wurzel geht auf die Theorie des Marktversagens bei der Arbeit zurück. Sie wird im Motiv als sozial und im Interesse der Arbeitnehmer liegend verkauft. Es ist die korporatistische Komponente des Wohlfahrtsstaates, der unter anderem auf einem politischen Kartell der organisierten Arbeitgeber beruht. Unter dem Vorwand des Arbeitnehmerschutzes hat man jenen Teil des Wettbewerbs auf dem Arbeitsmarkt entschärft, der sich im Lohn- und Rentenbereich – vor allem bei Arbeitskräftemangel – zugunsten der Arbeitnehmer auswirken würde. Viele Arbeitgeber haben sich organisiert und profitieren davon, dass die Arbeitnehmer nicht mehr als eigenständige, gelegentlich aufsässige individuelle Vertragspartner agieren, sondern sich durch Gewerkschaften vertreten lassen und staatliche und parastaatliche Regulierungen aushandeln. So entstehen die Disziplinierung und die Abhängigkeit von Organisationen mit «Benützern» und «Kunden», die sich im Wohlfahrtsstaat gegenseitig absichern. Das Individuum wird zum Zahnrädchen einer Versorgungsmaschinerie, in der politische und wirtschaftliche Interessen ineinandergreifen.

Der drohende Zusammenbruch des sozialen Gefüges

Wir stehen vor der Aufgabe, jene Entwicklung zu verhindern, die man mit guten Gründen eine Sucht nennen kann: eine zunehmende, allseitige und völlige Abhängigkeit von einer Institution, die nicht mehr die Fähigkeit zur nachhaltigen Selbststeuerung und Selbstheilung hat und deshalb auf einen Bankrott zusteuert. Der Wohlfahrtsstaat ist nicht nur «zu teuer»; er führt zum Zusammenbruch des politischen und sozialen Gefüges. Wenn wir die rechtsstaatliche Demokratie erhalten wollen, müssen wir den Wohlfahrtsstaat ab- und umbauen. Die Schwierigkeit besteht darin, dass dieser «geordnete Rückzug» auf demokratischem Weg sehr anspruchsvoll ist, vor allem, wenn bereits mehr als die Hälfte der Stimmbürger zu den Leistungsempfängern gehört.

Demokratie und Wohlfahrtsstaat sind auf Dauer nicht kombinierbar. Demokratie kann nur in einem Staat nachhaltig praktiziert werden, der seine Aufgaben und vor allem die zulässige Steuerlast, die Steuerprogression und die Quote der Umverteilung begrenzt. Die Notwendigkeit der Begrenzung des Wohlfahrtsstaates und des Ausstiegs aus dem Teufelskreis unbegrenzter wohlfahrtsstaatlicher Umverteilung folgt nicht aus ideologischen oder parteipolitischen Überlegungen und auch nicht nur aus finanziellen Engpässen. Sie ergibt sich aus der Logik kollektiver Entscheidungen, die, wenn diese fehlerhaft sind, die Existenz der Organisation gefährdet.

Die Finanzierungskrise des Wohlfahrtsstaates ist das Symptom einer tiefer liegenden Krise. Die wirkliche Krise des Wohlfahrtsstaates ist nicht primär finanziell, sondern kulturell. Es ist die Krise der totalen Überforderung durch nicht mehr einzulösende politische Versprechen und durch die Übertragung sozialer Aufgaben an den dafür ungeeigneten

Staat, in der Erwartung, dass dieser deren Erfüllung in Zukunft erzwingen könne. Dieser Zwang stört und zerstört jene Bereitschaft, auf der Spontaneität, Gegenseitigkeit und Freiwilligkeit beruhen – die einzigen langfristigen Garanten sozialen Verhaltens. Dieses Verhalten entsteht und besteht aufgrund bewährter, immer wieder neu verankerter und weiterentwickelter kultureller und sozialer Traditionen, ohne die keine Gesellschaft langfristig überleben kann.

Die Hauptschwäche des Wohlfahrtsstaates liegt nicht darin, dass er immer weniger bezahlbar wird, sondern dass er am sozialen Ast sägt, auf dem er sitzt. Eine Gesellschaft, in der die Menschen verlernen, einander freiwillig und selbstmotiviert beizustehen und zu helfen, ist dem Untergang geweiht, selbst wenn die ökonomische Produktivität noch ausreicht, um ihre Fehlstrukturen aufrechtzuerhalten oder sogar auszubauen. Das Sozialverhalten wird in langsamen zivilisatorischen Lernprozessen von Generation zu Generation aufgebaut. Dieser Aufbau hält möglicherweise mit dem Tempo des Zerfalls nicht Schritt. Der entscheidende Engpass liegt aber nicht bei den Finanzen, sondern in der Eigenart des Menschen.

Das Gegenmodell: Markt, Mündigkeit und Menschenwürde

Das Ideal, von dem die radikale Wohlfahrtsstaatskritik ausgeht, ist nicht eine total deregulierte Gesellschaft, eine Gesellschaft ohne Verbindlichkeiten, ohne Treu und Glauben und ohne Moral. Im Gegenteil: Eine arbeitsteilige, technisch zivilisierte Gesellschaft braucht Regeln, die Vertrauen und Verlässlichkeit garantieren und schaffen. Diese Regeln müssen nonzentral vereinbart werden, dürfen also nicht zentral und einheitlich befohlen werden. Sie müssen offen sein für dauernde Lernprozesse.

Die Zukunft gehört einer Gesellschaft, die aus mündigen, eigenständigen Menschen besteht, die jene Netzwerke aufbauen und pflegen, die es für die Minderheit der Hilfebedürftigen braucht. Alternativen zum vertrauten Wohlfahrtsstaat haben zunächst immer etwas Utopisches. Das eigentliche Gegenstück zum Wohlfahrtsstaat, den man mit guten Gründen als Umverteilungs- und Bevormundungsstaat bezeichnen kann, ist die liberale Zivilgesellschaft.

Ihr Fundament beruht auf bestimmten Wertvorstellungen und baut auf

1. mündige Personen statt auf politische Organisationen. Diese Personen müssen in der Lage sein, die Regeln, die für das Zusammenleben notwendig sind, zu überliefern, vertraglich zu vereinbaren und stets an die neue Situation anzupassen.

2. einer Vielzahl non-zentraler, konkurrierender und kooperierender Einheiten statt auf zentrale politische Steuerung. Die Menschen müssen in unzähligen Experimenten des Zusammenlebens und Zusammenwirkens aus Versuch und Irrtum lernen.

3. Vielfalt statt Gleichmacherei. Die Zivilgesellschaft ist nichts anderes als das friedliche Nebeneinander, Miteinander, gelegentlich Gegeneinander und oft Durcheinander verschiedener Menschen.

4. flexible Rollenteilung und Lebensmuster. In der «Schule des Lebens» gibt es keine feste Rollenverteilung zwischen Lehrenden und Lernenden. Alle sind gleichzeitig Lehrer und Schüler. Das Grundprinzip ist die gegenseitige Rücksichtnahme und die Achtung vor der menschlichen Würde.

5. Transparenz und Kommunikation. «Abgucken» ist nicht nur erlaubt, sondern erwünscht! Erfolgreiches ist zu kopieren und auszubauen, Fehler sind zu vermeiden oder wenigstens in ihrer Wirkung einzudämmen.

6. Eigenständigkeit und Selbstverantwortung. Wer die «Schule des Lebens» und die «Schule des Marktes» schwänzt, ist selbst schuld und muss die Folgen tragen.

Dieses Programm ist nicht die Quintessenz einer dogmatischen Ideologie. Sie entspricht mittel- und langfristig dem, was in einer stark vernetzten, arbeitsteiligen Welt überhaupt Chancen hat, zu funktionieren. Die entscheidende politische Frage lautet nicht, «Was ist sozial gerecht?», sondern «Was funktioniert?». Etwas, das nicht funktioniert, kann in seinen Auswirkungen nicht gerecht sein.

Welche Politik ermöglicht oder begünstigt eine so funktionierende Gesellschaft? Politik darf kein «Schwarzpeterspiel» sein, sondern, nach der Definition des Pädagogen Hartmut von Hentig «das gemeinsame bewegliche Lösen gemeinsamer Probleme» (1985). Leider ist Politik oft nichts anderes als die gemeinsame Verdrängung und Verhinderung von Lösungen durch geteilte Lügen. Aus diesem Teufelskreis gilt es auszubrechen. Die zentrale Voraussetzung ist der geordnete Rückzug aus den Zwängen der staatlichen Umverteilung.

Umverteilung als Sucht

Der Wohlfahrtsstaat beruht auf der Idee der Umverteilung. Umverteilen heisst, «den Reichen das, was sie zu viel haben, über Steuern und Abgaben wegnehmen und diese Mittel denen, die zu wenig haben, zukommen lassen». Was «zu viel» ist und was «zu wenig», bleibt kontrovers. In einer Demokratie entscheidet darüber die Mehrheit.

Dabei kommt der fatale Systemfehler der Umverteilung und des darauf abgestützten Wohlfahrtsstaats ans Licht. Die Gruppe, die glaubt, «zu wenig» zu haben, also die potentiellen Empfänger, kann die potentiellen Zwangsspender überstimmen, und zwar bis über jene Grenze hinaus, wo die umverteilten Mittel andernorts fehlen. Meist betrifft dies ausgerechnet jene Investitionen, die eine künftig prosperierende Wirtschaft für ihre Weiterentwicklung braucht.

Hinter der Umverteilung steht nicht der böse Wille ein paar unbelehrbarer linker Intellektueller. Es ist der Mechanismus der Demokratie im Sinne des Mehrheitsprinzips selbst, der in die Falle lockt.

Umverteilung ist nicht ein Verfahren, bei dem den vergleichsweise Reichen Geld weggesteuert wird, um es unter den vergleichsweise Armen zu verteilen (Robin-Hood-Prinzip). Umverteilung beinhaltet nicht zwei, sondern drei Beteiligte. Die entscheidende Gruppe ist der Umverteiler, der übrigens einen erheblichen Anteil des Umverteilungskuchens als Umverteilungskosten aufbraucht. Diese werden zur Erhöhung der Popularität der aktuellen Regierung, als Instrument des Umverteilungsapparates zur Stabilisierung seiner Macht missbraucht. Die Umverteiler haben sich als eigenständige Industrie etabliert, die ihre Gruppeninteressen verteidigt, die darin bestehen, dass die Probleme verstetigt werden.

Der Staat kann als Wohlstands-Umverteiler nie gerecht sein. Er muss als Hort des Rechts stets den Anspruch einlösen, in dem Sinn gerecht zu sein, dass er alle Bürger gleich behandelt. Dieser Anspruch ist bestenfalls im Bereich der öffentlichen Ordnung und des Rechts erfüllbar. In allen anderen Bereichen führt das politische Versprechen des Staates, gerecht zu sein, zu grenzenloser Unzufriedenheit und grenzenlos wachsenden Ansprüchen: in den Teufelskreis der Enttäuschung und Frustration, die schliesslich das Vertrauen in den Staat als wirksamer subsidiärer Hüter der Ordnung unterminieren.

Mangelnde Nachhaltigkeit

Das staatliche Versprechen von Verteilungsgerechtigkeit ist nicht einlösbar und wird finanziell früher oder später zu einem Fass ohne Boden. Umverteilung senkt auf die Dauer den Lebensstandard, ist unökologisch und asozial. Was bei den hohen Einkommen und Vermögen weggesteuert und via Umverteilung vom Staat ausgegeben wird, erhöht vorübergehend die Kaufkraft der wirtschaftlich Schwächeren. Sie können den Verbrauch natürlicher Ressourcen überproportional steigern. Die umverteilten Mittel setzen falsche Signale, indem sie ein Einkommen generieren, das nicht durch eine wirtschaftliche Leistung gerechtfertigt ist. Wer in seiner wirtschaftlichen Existenz massgeblich von erzwungenen Zuwendungen Dritter abhängig ist, verliert die materielle Basis seiner Eigenständigkeit, die Teil der menschlichen Würde ist. Der Zustand eines Sozialstaats-Klienten ist freiheitsfeindlich und soll daher als eine nicht-erstrebenswerte Ausnahme konzipiert sein.

Die zur sozialpolitischen Umverteilung weggesteuerten Mittel fehlen nicht nur bei den Investitionen in Risikokapital, sondern behindern und verzögern auch den für die Ökologie entscheidenden technischen Fortschritt und die Zunahme des materiellen Wohlstandes. Trotz dieser manifesten Schwächen ist die Umverteilung als Mittel der Sozialpolitik seit Jahrzehnten, teilweise seit Jahrhunderten Bestandteil aller politischen Systeme geworden.

Wer eine so gepriesene Institution kritisiert, darf es sich nicht einfach machen. Der umverteilende Wohlfahrtsstaat hat bestimmte unbestrittene Vorzüge, die ihn beliebt machen. Gesucht ist also eine Strategie des geordneten Rückzugs aus nicht nachhaltigen Strukturen. Politik wird häufig als die Kunst des Möglichen definiert. Beim Abbau und Umbau des Wohlfahrtsstaates geht es aber um mehr. Wir stehen vor der Herausforderung einer Kunst, das Unmögliche möglich zu machen!

Das Wie dieser Kunst, die Strategie, die von einem als unbefriedigend empfundenen Zustand zu einem als besser erhofften Zustand führt, kann nur von Praktikern und Theoretikern, von Realisten und Vordenkern gemeinsam erarbeitet und in die Tat umgesetzt werden. «Strategie des geordneten Rückzugs» klingt vielleicht konservativ und wäre als politische Motto zu wenig attraktiv. Man kann sie auch «Aufbruch zu neuen Ufern» nennen, denn Freiheit und Autonomie sind Ziele, die vor uns liegen und nie endgültig erreicht werden.

Umverteilung und Sozialpolitik können nicht abrupt abgeschafft werden. Sie sollen zunächst begrenzt, dann saniert und schliesslich auf eine nachhaltige, subsidiäre Basis gestellt werden. Das Problem besteht darin, dass die Politik der Umverteilung im kriegs- und krisengeschüttelten 20. Jahrhundert in einem Ausmass ausgebaut worden ist, dass sie die finanziellen Grundlagen sprengt und nicht mehr nachhaltig praktizierbar ist. Man hat die Ausnahme zur Regel gemacht und kann diese nicht nachhaltig finanzieren.

Wer angesichts dieser Prognose den Totalausstieg aus der Umverteilung fordert und die staatliche Sozialpolitik in private Vor- und Fürsorge zurückführen möchte, steht vor der Herausforderung, Ausstiegsszenarien zu formulieren, die ein schrittweises Vorgehen ermöglichen und von der Mehrheit getragen werden können. Die Erfahrung verschiedener Länder zeigt, dass dies nicht unmöglich ist.

Modelle einer neuen Sozialpolitik

Gegenseitige Hilfe und Unterstützung ermöglichen im sozialen Bereich Frieden und Wohlstand. Sie können auf freien Vereinbarungen beruhen und unentgeltliche und entgeltliche Hilfeleistungen so kombinieren, dass sie zur Hilfe zur Selbsthilfe werden. Staatliche Sozialhilfe sollte höchstens für jene zehn Prozent der Bevölkerung vorgesehen werden, die ohne sie gegenwärtig nicht in der Lage wären, anständig zu leben.

Liberale sind nicht grundsätzlich gegen Sozialhilfe und auch nicht gegen jede staatliche Sozialhilfe. Diese muss aber im Interesse der Hilfebedürftigen und der Helfenden drei Voraussetzungen erfüllen:

1. Sie muss subsidiär sein, d.h. als Ausnahme konzipiert sein.
2. Sie muss zeitlich befristet sein.
3. Sie muss personenbezogen sein, das heisst zwischen natürlichen Personen und durch non-zentrale, möglichst lokale Formen der Verteilungsorganisation erfolgen.

Das macht die Problemlösung nicht einfacher, aber es verhindert ein parteipolitisches «Schwarzpeterspiel» bei der Zuweisung der Verantwortung. Es sind nicht nur die Linken, die den Wohlfahrtsstaat wollen; es sind inzwischen «wir alle». Darum fallen der Abbau und der Abschied so schwer! Doch irgendjemand muss den Mut aufbringen, offen darüber zu reden und die damit verbundene Schelte auf sich zu nehmen, die im Vorwurf kulminiert, man sei «nicht sozial» und hätte kein Herz für Bedürftige und Benachteiligte.

Doch was heisst «sozial»? Es ist den Sozialisten und Sozialdemokraten weltweit gelungen, den positiv aufgeladenen Begriff «sozial» mit ihrem Gedankengut zu füllen – eine beachtliche Leistung im Kampf um die Besetzung von Begriffen. Soziale Beziehungen, die auf der zwangsweisen Enteignung der einen und auf der Bevormundung der andern beruhen, verhindern aber das Entstehen von Verantwortung und gefährden die Freiheit. «Freiheit dient», wie der deutsche Philosoph und Publizist Detmar Doering festhält, «letztlich der friedlichen und zwangsfreien Kooperation zwischen Menschen, der Nutzbarmachung von verstreutem Wissen in der Gesellschaft und der Chance, dass der Einzelne erfolgreich seine Ziele verfolgen kann». Sie ist die Voraussetzung für alles «Soziale»!

Das Ende des Sprinklers

Zwangsweise Umverteilung muss in der politischen Auseinandersetzung als Förderung eines Suchtverhaltens entlarvt werden, wenn, wie es heute der Fall ist, eine Mehrheit auf der Empfängerseite steht. In der Politik steht nicht mehr die Garantie einer freiheitlichen Ordnung im Zentrum, sondern der staatliche Ausgleich zwischen Arm und Reich. Es gibt heute kaum einen Politikbereich, der nicht mit Umverteilung verbunden wäre. Die Sozialpolitik ist nicht nur zum wichtigsten und teuersten und am schnellsten wachsenden Politikbereich geworden, sondern hat auch wie eine Pandemie die übrigen Politikbereiche infiziert.

Die Politik ist zur Sozial- und Umverteilungspolitik geworden. Das sogenannte Giesskannenprinzip beherrscht das Feld. Das Bild der Giesskanne, dem eine gezielte Sozialhilfe gegenübersteht, ist meines Erachtens nicht gut gewählt. Mit der Giesskanne könnte man nämlich gezielt jene Pflanzen wässern, die es nötig haben. Passender ist das Bild des Sprinklers, der dauernd läuft, ziellos öffentliche Mittel versprüht und, ohne Rücksicht auf die Jahreszeit und auf die Feuchtigkeitsbedürfnisse der Pflanzen zu nehmen, alles in einen Sumpf verwandelt.

Der sozialpolitische Teil aller Politikbereiche muss analysiert und isoliert werden. Wir müssen besser wissen, welche öffentlichen Subventionsströme und Investitionsströme welchen Nutzniessern tatsächlich zugutekommen. Dafür gibt es drei Lösungsansätze, die weltweit diskutiert werden:

1. Die Ersetzung der gesamten Sozialpolitik durch eine negative Einkommenssteuer (Milton Friedman). Dieser technokratische Ansatz wirft aus freiheitlicher Sicht mehr Fragen

auf, als er beantwortet. Er schafft einen Automatismus, der möglicherweise leicht missbraucht werden könnte. Würde eine negative Einkommenssteuer nur als Teillösung realisiert, dann würde die bestehende Sozialpolitik durch einen zusätzlichen Umverteilungsapparat ersetzt, was das letzte wäre, das wir brauchen.

2. Die Privatisierung sozialer Dienstleistungen und deren Finanzierung. Der gesamte Bereich sozialpolitisch motivierter Unterstützung würde entweder wegfallen oder durch ein subsidiäres, non-zentrales System von Subjekthilfe ersetzt. Damit würde der Staat wieder primär zum Hort des Rechts, was aus liberaler Sicht höchst wünschenswert wäre.

3. Der schrittweise Übergang zur Benutzerfinanzierung aller öffentlichen und sprinkler-subventionierten Sozialangebote und zur Ent-Monopolisierung durch private Konkurrenz. Dies ist nicht weit davon entfernt, was heute in Ansätzen bereits gemacht wird.

Schrittweises Vorgehen würde eine Strategie des geordneten Rückzugs ermöglichen. Man kann von allen Benutzern den vollen Preis verlangen und gleichzeitig jenen, die auf die Dienstleistung angewiesen sind, sie aber nachweislich nicht bezahlen können, subsidiär und vorübergehend unter die Arme greifen. Dies ist entscheidend für einen geordneten Rückzug aus den heutigen Fehlstrukturen und den Übergang in eine zivilgesellschaftliche Sozialpolitik. Gezielte personenbezogene Unterstützung soll an die Stelle pauschaler Subventionen treten. Das vorgeschlagene Rezept der konsequenten Benutzerfinanzierung in Kombination mit einer gezielten Sozialpolitik durch Subjekthilfe hat auch eine zukunftsträchtige ökonomische Komponente.

Entscheidend für die Zukunft der selbstbestimmten Arbeitsteilung ist, dass die sozialen Dienstleister nicht einer Kontingentierung und Rationierung ausgeliefert werden. Sie sollen sich vielmehr zu einer florierenden Dienstleistungsökonomie entwickeln können.

Heute ist in diesem Bereich die Balance von Angebot und Nachfrage massiv gestört, was zu Fehlversorgung führt. Wenn noch mehr öffentliche Mittel in die grossen Kassen der planwirtschaftlich aufgestellten Sozialinstitutionen fliessen, führt dies lediglich zu Verschwendung und Bürokratisierung. Das Angebot soll sich marktwirtschaftlich durch die Nachfrage entwickeln, die auf der Bereitschaft potenzieller Nutzniesser, dafür einen entsprechenden Preis zu bezahlen, basiert.

Sozialpolitisch motivierte staatliche Mittel wären nicht «top down» über die Institutionen, sondern «bottom up» über die Benützer einzuspeisen. Die subventionierten Benützer hätten den Beweis zu erbringen, dass sie die Voraussetzung für diese Unterstützung erfüllen. Dies würde Fehlversorgung und Verschwendung entgegenwirken und im sozialen Dienstleistungsbereich neue vielfältige Arbeitsmöglichkeiten eröffnen.

Mehr staatliche Vorsorge ist unsozial

Führende Soziologen konstatieren in unserer Gesellschaft eine Abnahme des Gemeinschaftsgefühls und eine Zunahme des rücksichtslosen Egoismus. Man ist schnell bereit, diesen Prozess dem «Neoliberalismus» anzulasten. Aus dieser Sicht sind es die «herzlosen Anhänger des Marktes», die «Marktisten», die nur noch in Geld und Profit rechnen können, welche diese traurige Vereinzelung und Vereinsamung der Menschen bewirken.

Der Wohlfahrtsstaat, so wird behauptet, ist bei dieser Diagnose einfach die Therapie, der Lückenbüsser, der angesichts des Abbaus der Fürsorglichkeit immer notwendiger wird. Tatsächlich gibt es die egoistische Individualisierung und die Vereinzelung, doch ihre Ursachen liegen nicht beim

Markt, sondern bei den «gut gemeinten» Zwangs- und Korrekturmassnahmen. Es ist der Staat, der Lückenbüsser selbst, der die «soziale Lücke» bewirkt. Norbert Bolz hat es treffend formuliert: «Wohlfahrtsstaatspolitik erzeugt Unmündigkeit, also genau den Geisteszustand, den die Aufklärung bekämpft. Und so wie man den Mut braucht, sich des eigenen Verstandes zu bedienen, so kann man nur mit Stolz das eigene Leben selbständig leben.»

Wer glaubt, die finanziellen Probleme des Wohlfahrtsstaats durch höhere Steuern lösen zu können, täuscht sich und andere, unabhängig davon, welche parteipolitische Richtung er vertritt. Es geht nicht um die gesinnungsethische Frage des politischen Wollens, sondern um die verantwortungsethische Frage, welche Folgen man auslöst oder in Kauf nimmt.

Der österreichische Publizist Karl Kraus sagte in den Zwanzigerjahren des letzten Jahrhunderts über die damals modische Psychoanalyse: «Die Psychoanalyse ist selbst die Krankheit, für deren Heilung sie sich hält.» Dasselbe gilt für den Wohlfahrtsstaat. Der Wohlfahrtsstaat ist selbst die Krankheit, für deren Heilung man ihn hält. Er führt zu mehr Vereinzelung, noch mehr Delegation von Mitmenschlichkeit an Ämter, von Empathie an Funktionäre, und führt zu einer Verschlechterung des subtilen Netzwerks an Dienstleistungen familiärer, nachbarschaftlicher, karitativer und – nicht zuletzt – kommerzieller Art.

Dienen, leisten und sparen, das sind die drei Säulen der Produktivität in einer zivilen Dienstleistungsgesellschaft. «Dienen» nicht als Opfer, sondern als persönlich bestimmter Beitrag in einem wirtschaftlich selbsttragenden Netz der Arbeitsteilung. Für Leistungen, die etwas wert sind, soll wenigstens ein Teil bezahlt werden – ohne Umweg über staatliche Institutionen, Ämter und Funktionäre: Zug um Zug, von Konto zu Konto. Daran ist gar nichts Unmenschliches oder Asoziales.

Die entgeltliche Dienstleistung hat etwas eminent Soziales an sich, und zwar für alle Beteiligten. Nimmt man dem Menschen die Möglichkeit, etwas zu leisten und Geld zu verdienen – und sei es nur wenig –, dann greift man seine Würde an! Die von sogenannt fortschrittlichen Sozialwissenschaftlern geforderte Zweidrittelgesellschaft, in der nur eine Minderheit arbeitet und die übrigen von der vorausgesagten enormen Produktivität dieser Arbeit mit einer Rente abgespeist werden, hat etwas Menschenverachtendes. Man kann diese Rentner noch so sehr mit professionellen, staatlich finanzierten Beschäftigungsspezialisten durch allerhand Sozial- und Kulturprogramme bei Laune halten, das Selbstwertgefühl, das entgeltliche Tätigkeit vermittelt, kann dadurch niemals ersetzt werden.

Mut zur Eigenständigkeit, Mut zum Dienen

Ist das alles? Gibt es in einer kommerzialisierten Dienstleistungsgesellschaft nichts, das «jenseits von Angebot und Nachfrage» liegt? Die diesbezügliche Malaise wird herbeigeredet. In jeder Gruppe gibt es Menschen, die aus ihrem Leben mehr machen wollen als ein bloss materielles Tauschgeschäft. Die Bereitschaft beim Dienstleisten, darüber hinauszugehen, was finanziell entgolten wird, ist nicht ausgestorben. Wir müssen ihr aber Sorge tragen.

Der Grundsatz, «Ich bin sozial, wenn ich niemandem zur Last falle», ist realistischer. Wenn er mehr beherzigt würde, würden die Sozialwerke massiv entlastet. Diese Art Egoismus, basierend auf dem ärztlichen Grundsatz «in erster Linie nicht schaden», ist die Basis jeder funktionierenden Gesellschaft. Zusätzliche Nützlichkeit, zusätzliche Dienstleistungsbereitschaft müssen freiwillig sein, wenn man will, dass sie bleiben und wachsen. Es gilt nicht nur der Satz «Angst essen Seele auf» (Rainer Werner Fassbinder), sondern auch «Zwang essen Freiwilligkeit auf»...

Wenn die Fragen «Wie viel Wohlfahrtsstaat?», «Wie viel freiwillige Hilfsbereitschaft, Empathie und Fürsorglichkeit?» und «Wie viel kommerzielle, benutzerfinanzierte Dienstleistung?» eine einfache Rechnung wäre, so bräuchte es keinen geordneten Rückzug. Man könnte dann einfach die Lücke zwischen dem, was Markt und Mitmenschlichkeit an gemeinsamer Wohlfahrt produzieren, und dem, was an echter Not noch übrigbleibt, durch staatliche Dienstleistungen überbrücken.

Dem ist aber leider nicht so. Das heutige «Einspringen» des Wohlfahrtsstaats bewirkt mindestens zweierlei. Zunächst braucht es mehr öffentliche Mittel, was zu höheren Steuern führt. Die Erhöhung der Steuern und speziell der Progression vermindern den Anreiz fürs private Engagement. Das staatliche «Gratisangebot» macht soziale Eigenleistungen im kleinen Netz überflüssig und lässt die Bereitschaft, Notsituationen frühzeitig zu erkennen, verkümmern. Zudem verhindert es das Entstehen von entgeltlichen benutzerfinanzierten und damit auch benutzerorientierten Dienstleistungen, weil sie sich gegenüber den hoch subventionierten Angeboten schlicht nicht mehr durchsetzen können.

Subsidiäre Hilfe statt Volkspension

Niemandem zur Last fallen und niemandem schaden bringt schon viel. Es ist die einzige taugliche Alternative zum gefährlichen Satz: «Es müssen alle allen helfen und es müssen alle mit allen solidarisch sein.» Dieser führt zur unerfüllbaren und auch paradoxen Forderung des «alles für alle», zur Resignation vor unmöglichen Herausforderungen und zur Frustration in einer Spirale der Begehrlichkeiten. Der Wohlfahrtsstaat wird zu jener Einrichtung, die für alle sorgt, ausser für den Steuerzahler, bei dem die grenzenlos zunehmenden Kosten anfallen.

Es gibt in jeder Gesellschaft Menschen, die nicht in der Lage sind, ihre Probleme eigenständig zu lösen, und die auch niemanden haben, der sich um sie kümmert. Diese Menschen sollen auch von der Gesellschaft nicht im Stich gelassen werden. Für diese Menschen wird, personenbezogen, ein Auffangnetz gespannt, zunächst privat und dann, subsidiär, in der Gesellschaft. Den wirklich Bedürftigen soll unbürokratisch geholfen werden.

Eine solche Unterstützung wird nur ausgerichtet, wenn der Beweis der Bedürftigkeit erbracht wird. Diese Voraussetzung ist eine Selbstverständlichkeit. Auch bei der Invalidität ist es selbstverständlich, dass jemand seinen Invaliditätsgrad ärztlich attestieren muss, wenn er eine Rente möchte. Ein Bedürftigkeitsnachweis ist keine Demütigung und auch kein «Spiessrutenlaufen», und wenn es im Einzelfall dazu kommt, dann muss gegen solche Missbräuche von Funktionärsmacht energisch eingeschritten werden.

Die soziale Hilfe im Sinn einer Hilfe zur Selbsthilfe muss an Personen, nicht an Institutionen gehen. Sie sollen dadurch in die Lage versetzt werden, jene Dienstleistungen in Anspruch zu nehmen, die zu einem normalen Leben gehören. Bei der Produktion der Dienstleistungen braucht es Konkurrenz. Leistungen dürfen nicht monopolistisch angeboten werden. Es ist nicht einfach, die Grenzen zur Bedürftigkeit richtig zu ziehen. Darum muss die Sozialpolitik auf jener Stufe angesiedelt werden, auf der sich die Menschen persönlich kennen: im kommunalen Bereich bzw. auf der Quartierebene.

Strategie der Anpassung: von Engpässen und Sackgassen

Es gibt einen Ausstieg aus der Sucht nach dem Wohlfahrtsstaat. Die Bezeichnung «Sozialabbau» ist polemisch und falsch. Es geht nicht um eine Rückkehr zu überholten Verhaltensmustern, sondern um den Aufbruch zu neuen Lösungen: private und darum nachhaltig tragfähige soziale Netze. Diese Umstellung und Neuorientierung ist, wie jede Entziehungskur, eine Herausforderung, und dies gilt ganz besonders in einer direkten Demokratie, in der ohne eine überzeugte Mehrheit nichts läuft.

Es gibt keine Patentlösung für die sozialen Probleme der kommenden Jahre und Jahrzehnte. Auch das hier skizzierte System der subsidiären Subjekthilfe ist nicht vor Irrtümern und Fehlentwicklungen gefeit. Je weniger zentral gehandelt wird, desto mehr kann man aus Fehlern und Irrtümern lernen. Es geht in der Politik wie im Alltag nicht darum, keine Fehler zu machen, sondern darum, die Lernfähigkeit und damit einen wesentlichen Bestandteil der Mündigkeit zu erhalten.

Gefragt ist eine Strategie: Wie kommen wir aus dem gegenwärtigen unerfreulichen Zustand zu einem besseren? Wer eine Krise analysiert und nach Lösungen sucht, wird immer wieder mit zwei Grundtypen von Problemen konfrontiert, die nach unterschiedlichen Lösungen verlangen: Engpässen und Sackgassen.

Diese Terminologie knüpft an einen der Begründer der organischen Chemie an, Justus von Liebig (1803–1873). Es geht um jene Gesetzmässigkeit, die der Entdecker des Kunstdüngers vor über hundertfünfzig Jahren beim Pflanzenwachstum beobachtet hat: Das Wachstum wird durch die jeweils entscheidenden Engpässe gesteuert, und die ganze Strategie des Überlebens von Individuen und Gemeinschaften beruht auf dem richtigen Umgang mit dem jeweils entscheidenden Engpass.

Was geschieht in den vielen Fällen, bei denen es nicht gelingt, den ökonomischen und politischen Wachstumsengpass durch mehr und anders zusammengesetzten Dünger zu beseitigen, weil der Organismus sich nicht in einem Engpass, sondern in einer Sackgasse befindet?

Ein geordneter Rückzug aus der «Sackgasse Wohlfahrtsstaat» ist wahrscheinlich – zumindest in der Schweiz – noch möglich, allerdings keineswegs einfach. Verschiedene Spielarten und Verfahren können in non-zentralen Strukturen experimentell erarbeitet werden. Entscheidend wäre eine Rückgabe von Verantwortung an die Zivilgesellschaft und an kleinere politische Gemeinschaften, also eine Top-down-Anwendung des Subsidiaritätsprinzips. Allerdings: Ein eigentliches «Zurück» in die Vergangenheit gibt es in der gesellschaftlichen Entwicklung nicht.

Mehr vom Alten ist keine Antwort

Der Vergleich mit einer Sackgasse ist dennoch zutreffend, das heisst, es ist möglich und notwendig, umzukehren, um in einer anderen Richtung weiter zu kommen. Es genügt nicht mehr, mit mehr Geld (Steuern und Abgaben) den Engpass zu überwinden. Nötig sind die Distanznahme vom Bisherigen und ein gestaffelter Neubeginn auf einer tragfähigen Grundlage. Zunächst sollte mit Zahlen und demographischen Fakten das Bewusstsein vermittelt werden, dass unsere Sozialversicherungen tatsächlich nicht nachhaltig sind. Die Einsicht muss sich durchsetzen, dass wir der beobachteten Entwicklung nicht freien Lauf lassen dürfen. Es braucht eine «opération verité», eine subtil erarbeitete, auch die Einzelheiten berücksichtigende Strategie, wie der Weg aus der Sackgasse zu finden sei.

Die Sozialversicherungen können vor allem nicht durch «Sparübungen» von oben nach unten saniert werden. Mit dem Schlagwort, zunächst sei den Millionären keine Rente mehr auszurichten, um bei den Ausgaben zu sparen, beschreitet man keinen neuen Weg. Sobald sich diese Massnahme als ungenügend erweist, müsste man nämlich das ganze System gewissermassen von oben nach unten schrittweise aushöhlen und dabei eine zunehmend grössere Zahl von Leuten zurücklassen, die das ganze System gar nicht mehr mitzutragen bereit sind, denn jeder Ausgeschlossene würde versuchen, sich schrittweise von den Beiträgen zu befreien.

Sinnvoller wäre es, einen neuen Konsens zu suchen in der Beantwortung der Frage: Was soll beibehalten werden, da es unverzichtbar ist? Argumentiert man von unten her, vom Not-wendigen im ursprünglichen Wortsinn, und konzentriert sich auf jene Gesichtspunkte, bei denen die Not von Menschen tatsächlich zum Ausdruck kommt, dann führt uns diese Anschauungsweise automatisch zum Konzept der subsidiären Subjekthilfe. Ein adaptierbares Auffangnetz für die wirklich Bedürftigen ist angesichts stets beschränkter Mittel sozialer als eine auf Dauer nicht finanzierbare Volkspension.

Eine Umkehr ist notwendig

Die Zahlen, die belegen, dass es bei der Altersvorsorge und im Gesundheitswesen nicht wie bisher weitergehen kann, müssen ernst genommen werden. Mit Flickwerk und isolierten Einzelmassnahmen wird jede Reformpolitik Schiffbruch erleiden. In einem Engpass hilft die Strategie «more of the same» weiter. In der Sackgasse ist «more of the same» verheerend, weil es zu nutzlosem Kräfteverschleiss führt. In einer Sackgasse muss man umkehren und die Methode wechseln. Ein grosser Teil der politischen Fehlentwicklung und Krisen beruht darauf, dass man alle Probleme wie Engpässe behandelt und zu wenig Bereitschaft zeigt, Sackgassen zu erkennen, umzukehren und neu zu beginnen. Zwar wird in der Politik häufig von der Notwendigkeit einer Wende geredet; vollzogen wird diese aber selten.

Häufig zitiert wird ein kurzes Gebet, das an den Philosophen Epiktet anknüpft und vom amerikanischen Theologe Reinhold Niebuhr formuliert worden ist:

> Herr, gib mir die Kraft, die Dinge zu ändern, die ich ändern kann, die Gelassenheit, die Dinge hinzunehmen, die ich nicht ändern kann, und die Weisheit, beides voneinander zu unterscheiden.

Angewandt auf Engpässe und Sackgassen müsste das Gebet lauten:

> Herr, gib mir die Kraft, bei Engpässen beharrlich weiterzukämpfen, den Mut, in Sackgassen umzukehren, und die Weisheit, Engpässe und Sackgassen voneinander zu unterscheiden.

Vertrauen statt Resignation

Der deutsche Alt-Politiker Kurt Biedenkopf bezeichnete sein Buch mit dem Titel *Die Ausbeutung der Enkel* einst als ein Plädoyer für die Rückkehr zur Vernunft. Ist die Politik nicht grenzenlos überfordert, wenn man ausgerechnet von ihr mehr Vernunft verlangt? Glücklicherweise werden nicht alle Weichen für die Zukunft durch die Politik gestellt. Es gibt jene Kombination von Engagement und Verweigerung, die sich zunächst als individuelles Verhalten manifestiert und nur indirekt politisch wirksam wird. Die Zukunft der Zivilgesellschaft liegt in der Hand der nächsten Generationen von ökonomisch, kulturell und sozial engagierten jungen Menschen. Deren Qualität bemisst sich nicht am Ehrgeiz, möglichst rasch Erfolg zu haben, sondern an der langfristigen Perspektive für eine politische und wirtschaftliche Zukunft, in der sich Lernen und Leistung lohnen und in der es genügend Spielräume gibt, um dem eigenen Leben nach eigenen Vorstellungen einen Sinn zu geben.

Es gibt diesen qualifizierten Nachwuchs, der sich zunehmend bewusst ist, dass wir die politischen Probleme mit Durchwursteln und neuen Kompromissen nicht lösen können. Es wächst eine junge Generation heran, die nicht in erster Linie Ansprüche stellt und nach mehr irreführender «sozialer Gerechtigkeit» strebt, sondern nach weniger Regulierung, nach einer Ordnung, die offener ist, und in der sich nicht alle gegenseitig dauernd dreinreden, nach informellen Kommunikationsnetzen, die nicht fesseln, sondern gegenseitig bereichern, kurz: nach mehr Freiheit, nach mehr Spielräumen eigenständiger Lebensgestaltung, weniger Zwang und weniger Bevormundung.

Man sollte den Mut aufbringen, in Sackgassen umzukehren und bei Engpässen durchzuhalten und die beiden Situationen voneinander zu unterscheiden – nicht fehlerfrei, aber mit der ständigen Bereitschaft zum Lernen. Es ist zwar keine Mehrheit, die so denkt und fühlt, aber dies ist anfangs auch nicht nötig.

Als Kontrapunkt zum kritischen Einleitungszitat von Hölderlin sei abschliessend ein optimistisches Zitat desselben Dichters angefügt:

Wo aber Gefahr ist, wächst das Rettende auch.

Literatur

Biedenkopf, K. (2007), Die Ausbeutung der Enkel, Berlin: List.

Bolz, N. (2010), Die ungeliebte Freiheit, München: Fink.

Doering, D. (2009), Traktat für die Freiheit, München: Olzog.

Habermann, G. (1997), Der Wohlfahrtsstaat, Geschichte eines Irrwegs, Frankfurt/M: Ullstein.

Hertig, H. v. (1985), Die Menschen stärken, die Sachen klären, Ein Plädoyer für die Wiederherstellung der Aufklärung, Stuttgart: Reclam.

Hirt, W., Nef, R. und Ritter, R. C. (Hrsg.) (2002), EigenStändig, Die Schweiz – ein Sonderfall, Zürich: Redline.

Liebig, J. v. (1840), Die organische Chemie in ihrer Anwendung auf Agrikultur und Physiologie, Braunschweig: Vieweg.

Nef, R. (2006), Lob des Non-Zentralismus, St. Augustin: Academia.

DIE HERAUSGEBER

Pierre Bessard
Pierre Bessard ist Ökonom und Publizist, seit Ende 2007 Direktor des Liberalen Instituts sowie Mitglied dessen Stiftungsrates. Er ist zudem Fellow des Institut de Recherches Economiques et Fiscales IREF (Luxemburg), Mitglied des Akademischen Beirates von MedECON (Vevey) und Vorstandsmitglied der Aktion Medienfreiheit (Zürich) sowie des NIPCC-Suisse (Zürich). Bessard ist Mitglied der Mont Pèlerin Society sowie der Friedrich A. von Hayek-Gesellschaft.

Seine Artikel erscheinen regelmässig in der schweizerischen und internationalen Presse sowie in Fachzeitschriften und weiteren Organen. Seine Arbeiten wurden u.a. vom Institute of Economic Affairs (London), vom Fraser Institute (Vancouver), dem Institut Economique Molinari (Paris), der Friedrich-Naumann-Stiftung für die Freiheit (Berlin), dem Center for Freedom and Prosperity (Washington) und Contribuables Associés (Paris) veröffentlicht.

Christian Hoffmann
Christian Hoffmann ist Ökonom, seit 2008 Forschungsleiter am Liberalen Institut. Er ist darüber hinaus Professor für Kommunikationsmanagement am Institut für Kommunikations- und Medienwissenschaft der Universität Leipzig sowie Dozent an der Universität St. Gallen, Singapore Management University, Johannes Gutenberg-Universität Mainz und Hochschule für Wirtschaft Zürich.

Hoffmann publiziert regelmässig in deutschsprachigen und internationalen Zeitungen und Zeitschriften. Zuletzt veröffentlichte er *Befreit die Unternehmer! Der (einzige) Weg zum Wohlstand* (2015) sowie mit Pierre Bessard *Das Ende der Armut. Chancen einer globalen Marktwirtschaft* (2012), *Aus Schaden klug? Ursachen der Finanzkrise und notwendige Lehren* (2010) und *Natürliche Verbündete: Marktwirtschaft und Umweltschutz* (2009).

DIE AUTOREN

James Bartholomew
James Bartholomew ist Senior Fellow in Social Policy am Institute of Economic Affairs (London). Er ist Autor und freier Mitarbeiter verschiedener britischer Zeitungen. Bartholomew gewann erste Berufserfahrungen in der Finanzdienstleistungsbranche. Anschliessend wechselte er in den Journalismus und wurde für die *Financial Times* sowie die *Far Eastern Economic Review* tätig. Sein internationaler Bestseller *The Welfare State We're In* (2004) gewann 2005 den Arthur Seldon Award for Excellence des Institute of Economic Affairs sowie 2007 den Sir Anthony Fisher Memorial Award der Atlas Foundation.

Stefan Blankertz
Stefan Blankertz ist Sozialwissenschaftler und Schriftsteller sowie Dozent am Gestalt-Institut Köln. Von seiner Jugend an engagiert er sich für Freiheit und Toleranz. Seine neuesten Bücher sind *Das illustre Maodeking: Anleitung zur Politik der Achtsamkeit* (2016) und Penelope Heiler: Kampf dem Gesundheitsterror 2068-2077 (2016), dazu ist Blankertz Autor zahlreicher Romane und Fachbücher.

Gerd Habermann
Gerd Habermann ist Wirtschaftsphilosoph, Geschäftsführer und Mitbegründer der Friedrich August von Hayek-Gesellschaft und Vorsitzender der Friedrich August von Hayek-Stiftung sowie Professor für Ordnungstheorie, Ökonomie und Philosophie an der Universität Potsdam. Zuvor Lehrtätigkeit an der Universität Bonn. Bis 2010 war er der langjährige Direktor des Unternehmerinstituts der Familienunternehmer. Mitglied der Mont Pèlerin Society. Habermann publiziert regelmässig in der *Neuen Zürcher Zeitung*, der *Frankfurter Allgemeinen Zeitung* und *Die Welt*. Autor des Klassikers *Der Wohlfahrtsstaat. Die Geschichte eines Irrwegs* (1997) und zuletzt

von *Der Wohlfahrtsstaat. Ende einer Illusion* (2013), *Knechtschaft oder Freiheit? Ein Handlexikon für liberale Streiter* (2011) sowie *Richtigstellung. Ein Polemisches Soziallexikon* (2007). Herausgeber von *Die Idee der Freiheit. Eine Bibliothek von 111 Werken der liberalen Geistesgeschichte* (2007, mit Gerhard Schwarz und Claudia Aebersold-Szalay) und der Reihe Meisterdenker der Wirtschaftsphilosophie (NZZ Libro).

Hans-Hermann Hoppe
Hans-Hermann Hoppe ist Ökonom, Distinguished Fellow am Ludwig von Mises Institute (USA) und Gründer und Präsident der Property and Freedom Society. 1986–2008 war er Professor für Ökonomie an der University of Las Vegas in Nevada. Hoppe studierte Philosophie, Soziologie, Geschichte und Ökonomie an der Universität des Saarlandes in Saarbrücken, der Goethe-Universität in Frankfurt am Main und der University of Michigan in Ann Arbor. Anschliessend promovierte und habilitierte er sich in Frankfurt. Zu seinen vielbeachteten deutschsprachigen Werken zählen *Sozialismus oder Kapitalismus* (2005), *Demokratie. Der Gott, der keiner ist* (2003), *Eigentum, Anarchie und Staat. Studien über die Theorie des Kapitalismus* (1987), *Kritik der kausalwissenschaftlichen Sozialforschung* (1983) sowie *Handeln und Erkennen* (1976).

Robert Nef
Robert Nef ist Philosoph und Publizist. Er leitete das Liberale Institut 1979 bis 2007. Er präsidierte anschliessend dessen Stiftungsrat bis 2014. Seine Kommentare erscheinen etwa in der *Neuen Zürcher Zeitung*, der *Frankfurter Allgemeinen Zeitung* und *Finanz und Wirtschaft*. Er war bis 2008 Mitherausgeber der *Schweizer Monatshefte* (heute *Schweizer Monat*) und ist Autor und Herausgeber mehrerer Bücher wie *Lob des Non-Zentralismus* (2006), *Politische Grundbegriffe* (2002) und *Neidökonomie* (2000, mit Gerhard Schwarz). Mitglied der Mont Pèlerin Society.

Kristian Niemietz
Kristian Niemietz ist Ökonom, seit 2008 Research Fellow am Institute of Economic Affairs (London), seit 2015 Leiter des Bereichs Gesundheitswesen und Sozialstaat. Er war Dozent für Volkswirtschaftslehre am King's College London, wo er in politischer Ökonomie promovierte. Zuvor studierte Niemietz Volkswirtschaftslehre an der Humboldt-Universität zu Berlin und der Universidad de Salamanca. Er ist Autor des Buches *A New Understanding of Poverty* (2011).

Paolo Pamini
Paolo Pamini ist Wirtschaftswissenschaftler mit Fokus auf öffentliche Finanzen und Institutionen. Er ist Lehrbeauftragter in Law & Economics an der ETH Zürich und assoziierter Forscher am Liberalen Institut. Er ist zudem diplomierter Steuerberater. Pamini studierte Ökonomie an der Universität Zürich, wo er anschliessend bei Bruno S. Frey promovierte. Zu seinen Publikationen gehören das Buch *Grundzüge der analytischen Mikroökonomie* (Springer Verlag 2008, mit Thorsten Hens) und zahlreiche wissenschaftliche Artikel. Seit 2015 sitzt er im Tessiner Parlament. Er ist darüber hinaus Vize-Präsident des Istituto Liberale in Lugano.

Michael von Prollius
Michael von Prollius ist Wirtschaftshistoriker und Publizist, assoziierter Forscher am Liberalen Institut und Unternehmensberater Er studierte Betriebswirtschaft und Geschichte in Bayreuth und Berlin und promovierte anschliessend in Wirtschaftsgeschichte. Er ist Mitglied der Friedrich August von Hayek-Gesellschaft und Gründer von Forum Freie Gesellschaft. Zu seinen Publikationen zählen *Der Starkolumnist der Freiheit. Ein Henry-Hazlitt-Brevier* (2016), *Auf der Suche nach einer neuen Ordnung* (2014), *Die Euro-Misere* (2011), *Die Pervertierung der Marktwirtschaft* (2009), *Kleines Lesebuch über die Verfassung der Freiheit* (2008) sowie *Herrschaft oder Freiheit: Ein Alexander Rüstow Brevier* (2007).

DAS LIBERALE INSTITUT

Das 1979 gegründete Liberale Institut verfolgt das Ziel der Erforschung freiheitlicher Ideen. Das Institut fördert die Schweizer Tradition und Kultur individueller Freiheit, des Friedens, der Offenheit und politischen Vielfalt und setzt sich für die Weiterentwicklung der liberalen Geistestradition ein.
Privatautonomie auf der Basis von Eigentum und Vertrag und der freie Austausch von Ideen und materiellen Gütern auf offenen Märkten in einer dezentralen Ordnung stehen dabei im Mittelpunkt.
Als unabhängige, gemeinnützige Stiftung beteiligt sich das Liberale Institut bewusst nicht an der Parteipolitik. Es befasst sich hingegen mit den grundlegenden Fragen der Gegenwart und Zukunft und bereichert damit die öffentliche Debatte mit zivilgesellschaftlichen und marktwirtschaftlichen Perspektiven. Dabei kooperiert es schweizweit und international mit zielverwandten Organisationen.

Edition Liberales Institut ist die Buchverlagsaktivität des Liberalen Instituts. Zuletzt erschienen hier die Bände *Befreit die Unternehmer! Der (einzige) Weg zum Wohlstand*, *Europa. Die Wiederentdeckung eines grossen Erbes*, *Heilung für das Gesundheitswesen. Von der Umverteilung zur Vorsorge*, und *Das Ende der Armut. Chancen einer globalen Marktwirtschaft*.

Liberales Institut
Rennweg 42
8001 Zürich, Schweiz
www.libinst.ch

Tel.: +41 (0)44 364 16 66
Fax: +41 (0)44 364 16 69
libinst@libinst.ch